JN153627

PHP経営叢書 日本の企業家

# 久保田権四郎

## 国産化の夢に挑んだ 関西発の職人魂

沢井 実 著

PHP

## PHP経営叢書「日本の企業家」シリーズ刊行にあたって

社会を変革し、歴史を創る人がいる。企業家といわれる人々もそれに類する存在である。溢れる人間的魅力が他人を惹きつけ、掲げる崇高な理念のもとに、人と資本が集まる。優れた経営戦略は、構成員の創意工夫を生かす。そうして新たな価値が創造され、事業が伸展する。社会の富も増進され、進化・発展は果てることがない。その歴史に刻まれた足跡に学ぶべきところは限りない。成功も失敗も現代のよきケーススタディである。

日本近代の扉を開いた比類なき企業家・渋沢栄一はいう。子孫に遺すべき家宝は「古人のいわゆる『善以テ宝ト為ス』ただこの一言のみである」と。けれども理想の実現に邁進した日本人企業家たちの実践知、そこにみられる「善」を「宝」となし、次代に継承するのは現代を生きる読者諸兄である。〝経営の神様〟と称された松下幸之助が説くように「人はみな光り輝くダイヤモンドの原石のようなもの」であり、個の絶えざる自己練磨の集合体が世の中であることを我々は忘れてはならない。

松下幸之助が創設したPHP研究所より、創設七〇周年を記念して刊行される本シリーズでは確かな史実、学術的研究の成果をもとに、企業家活動の軌跡を一望できるようにした。経営史・経営学の専門家が経営思想や戦略を掘り下げ、その今日的意義を考察するだけでなく、人間的側面にもアプローチしている。

各巻が、日本のよき伝統精神、よき企業家精神の継承の一助となれば、編集委員としてこれに勝る喜びはない。

二〇一六年一一月

編集委員　宮本又郎
　　　　　加護野忠男

# 序

本書の目的は、クボタの創業者である久保田権四郎の歩んだ道のりを追跡し、そこから企業者史・経営史的意義を汲み取ることである。

明治の初め備後国因島の桶屋を兼ねた農家の三男に生まれた権四郎は数え年一六歳で大阪に出、鋳物職人としての修業をへて一九歳で独立する。大阪における鋳物工場の集積の地で腕を磨いた権四郎は鋳造技術に関する様々な革新的手法を考案し、特に水道用鋳鉄管という大きな市場を手中にし、明治末期には久保田鉄工所を日本でのこの分野における代表的企業に成長させた。

第一次世界大戦期になって銑鉄価格の高騰によって鋳鉄管需要に大きな制約が加わると工作機械などの諸機械生産へと多角化を図り、さらに一九二〇年代になって船用機械や工作機械需要が低迷するとこれらに代わって農業機械の原点ともいうべき石油発動機の開発に成功する。一方で自動車生産にも進出するが、これは結局日産自動車に引き継がれることになり、その経験は高性能な石油発動機に活かされることになった。

一九三〇年代に久保田鉄工所は「満洲」（以下、鉤括弧省略）に満洲久保田鋳鉄管を設立して大陸に進出する。戦時期になると軍部の要請に応じて軍需生産に邁進し、久保田鉄工所は多数の工場を擁する巨大企業に成長した。明治末期には大阪でも代表的な企業の一つになっていたが、法人化は遅く一九三〇（昭和五）年のことであり、外部資金の導入という意味での株式公開は戦時期のことであった。いかに大きく成長しようとも、戦時期まで久保田鉄工所は他の同族企業と同様に権四郎が「御主人」として君臨する企業であった。

ところで戦前・戦時中に権四郎の伝記が二冊刊行されている。吉田禎男『完成への道（第一輯）─徳永氏四兄弟の巻・久保田権四郎氏の巻』（八ッ橋出版部、一九三六年）と挾間祐行『此の人を見よ─久保田権四郎伝─』（山海堂出版部、一九四〇年）である。こうした書物を通して権四郎の名前は立身出世の代表的人物、徒手空拳から大阪さらには日本を代表する実業家になった成功物語の主人公として人口に膾炙した。そこでは、権四郎の母への愛情、郷土への献身が繰り返し語られている。

刻苦勉励し、革新技術を実現し、国策の遂行に貢献した権四郎が久保田鉄工所の社長を引退して相談役になるのは戦後の一九四九年であり、五九年に没した。

本書では野口英世や豊田佐吉らとともに、戦前日本の発展を支えた刻苦勉励型・力作型人物の一人として描かれてきた権四郎の歩んだ道のりを詳しく辿り、できる限り権四郎の実像に迫り、その企業者史・経営史的意義について考えてみたい。英雄、英傑としてではなく、一族と郷土の未来に思いを馳せながら、迷いつつ歩み続けた一人の実業家の軌跡から近代日本の「ものづくり」の特質に迫ってみたい。

なお本書の執筆・制作にあたり、貴重な写真・図版等の資料をご提供いただき、阪神工場では直管、異形管の製造工程を詳しく解説してくださり、さらに因島の権四郎にゆかりのある場所をご案内くださった株式会社クボタの皆様に、この場をかりてお礼を申し上げたい。

最後に、株式会社PHP研究所七〇周年記念出版プロジェクト推進室の藤木英雄氏に大変お世話になった。執筆構想段階からの長い道のりにお付き合いくださり、的確なアドバイスを多数お寄せいただいた、同氏のご協力に厚くお礼申し上げたい。

二〇一六年一二月

沢井　実

# 久保田権四郎

## 国産化の夢に挑んだ関西発の職人魂

目次

序

# 第一部　詳伝

## やってできないことがあるものか
久保田鉄工所の事業史とともに

## 第二部　論考

# 事業経営における連続と断絶

個人経営から法人企業へと移行する歴史の中で

# 第三部　人間像に迫る

## 権四郎が歩んだ「実業道」の姿
その発言とともに紐解く

写真提供◉株式会社クボタ
装丁◉上野かおる

# 第一部
# 詳伝

## やってできないことがあるものか

久保田鉄工所の事業史とともに

# I　少年期の発憤──眼に浮かぶ母の涙

## 生い立ち

大出権四郎《おおでごんしろう》は廃藩置県前の一八七〇（明治三）年一〇月三日に備後国御調《みつぎ》郡因島大浜村（現広島県尾道市因島大浜町）に生まれた。(1) 父は岩太郎、母はキヨ、長男政太郎、長女サクノ、次男茂平に次いで三男として生まれた権四郎は末っ子であった。生家は酒樽などをつくる桶屋を兼ねた農家であったが、貧しかった。大浜町の沖合には八重子島《やえこじま》があり、大潮の時には陸地とつながり、潮干狩りが行われた。

『完成への道（第一輯）』によると、権四郎が一〇歳の秋祭りの時、朋輩の誘いで新しい着物を着て出かけようとしたところ、畳の上に突っ伏して泣いている母親を見たという。同書は「目をつむると其の時の母の姿は今でもあり〳〵と眼の底に浮かんで来る。母の涙、尊い母の涙が兎も

明治期の大浜村の風景

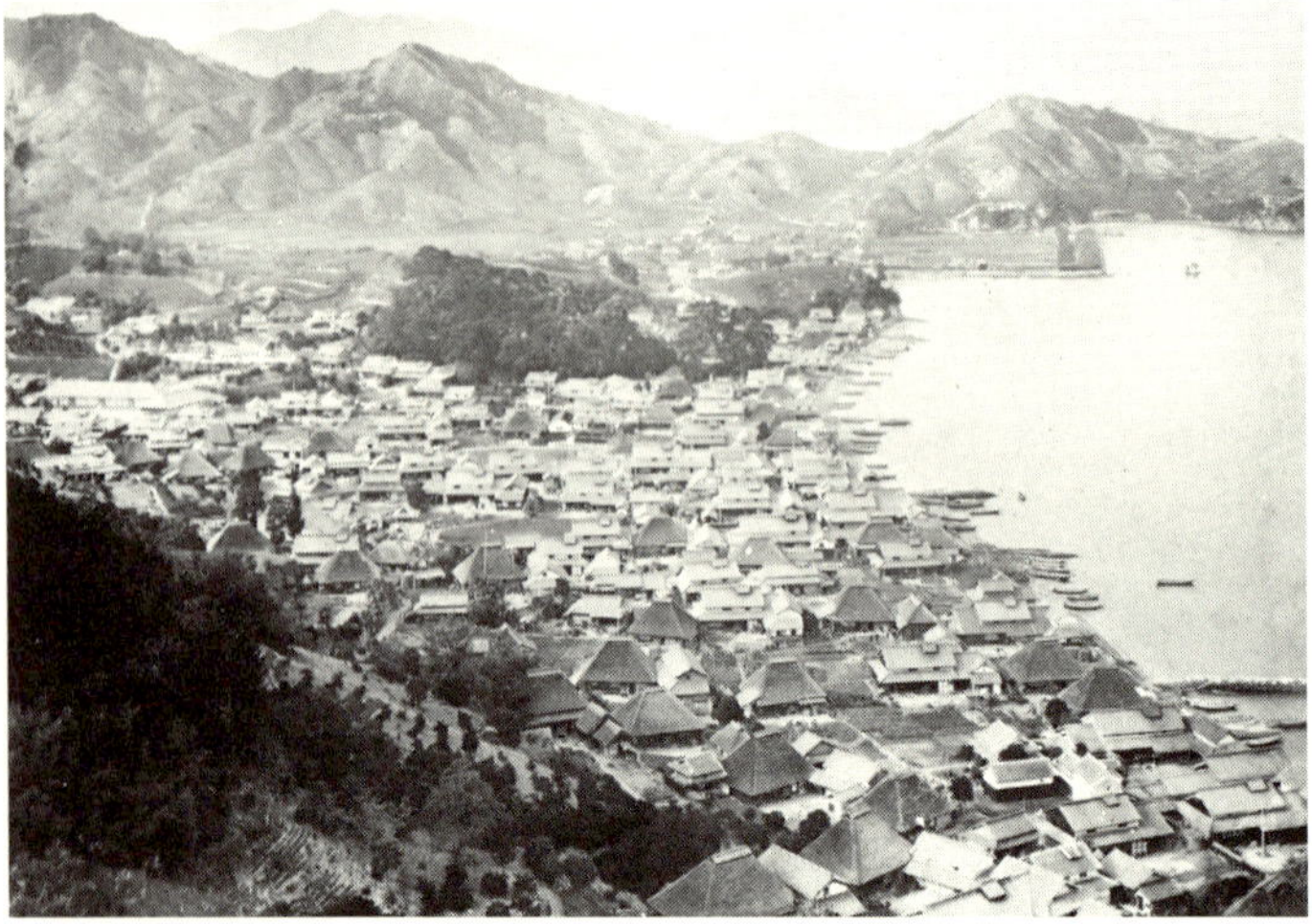

角も今日のわしを作ってくれたのだ[2]」という権四郎の言葉を引いている。

『此の人を見よ』では袂に顔をあてて納戸に駆け込む母を見て、権四郎は「小遣がないからだ！　僕にくれる天保銭（天保通宝。この時期にはまだ流通していた—引用者注）がないから泣いてゐるのだ[3]」と理解したとされている。このエピソードは権四郎自身が家族にたびたび語ったようである。次男の久保田藤造も、急に袂に顔を伏して泣き出した祖母を見て、父・権四郎が祭りに着ていく晴れ着がないこと、小遣い銭がないことをさとったというエピソードを紹介した上で、「貧乏はつらい、何とかして、この貧乏からのがれ出なければならぬ。（中略）このお祭りの不参の小悲劇だったのです。オヤジは幼い日のこの発憤の動機をわれわれに何度も語ってきかせました[4]」と証言している。

権四郎の時代は、一八七二年公布の学制によって小学校は下等科四年と上等科四年に分かれたが、権四郎が通った先は村の見性寺《けんしょうじ》であり、本堂が教室であった。他の子供たちと同様、四年間権四郎も毎日通うことはなかったという。

一八七五年当時、全国の小学校の約四割は寺院、約三割は民家を借用したものであり、江戸時代の寺子屋・私塾の延長線上にあったことがわかる。一八七三年の学齢児童の就学率は二八・一パーセント（男子三九・九パーセント、女子一五・一パーセント）、七九年でも四一・二パーセント（男子五八・二パーセント、女子二二・六パーセント）にとどまっていた。府県別就学率をみると、一八七七年の全国平均が三九・九パーセント、最高が大阪府の六七・一パーセント、最低は青森県の二二・六パーセントであった。就学率三〇パーセントに満たない低位グループには青森県以外に、鹿児島県、和歌山県、広島県、秋田県が含まれていた。[5]

出郷の経緯については諸説あるが、権四郎は数え年一六歳の春、一八八五年に大阪に出た。

## 徒弟修業

入職の事情を後年、権四郎みずからが語っている。[6]「十五の歳、大阪へ出て来ました。別段親類を頼つて来たわけではなく只独り田舎出の小僧が大阪の真ン中へ出て来たのでありまして、これが私の実業道への門出でありました。（中略）一ヶ月ばかり此処彼処と頼み廻はつて、やつと小さな鋳物屋の小僧にみ住《ママ》こみました」。これが看貫鋳物を製作する黒尾製鋼（黒尾鋳造とも呼ば

18歳頃の権四郎（最右）と家族

れた。西成郡九条村・現西区九条）であり、はかりと金庫の鋳物をつくっていた。

主人の黒尾駒吉は南区西関谷町の石井鋳造所で腕を磨き、独立した人物であり、職探しに必死の権四郎に同情して徒弟として受け入れてくれた。「松之助」と呼ばれた権四郎の徒弟修業は厳しく、「少し馴れて来ると手伝ひを許されましたが、ちよつと間違つても大変で、殴られる、小突き廻はされる。それは厳格といふよりも寧ろ残酷に近いものでした。而も毎日、朝は六時から晩は十時迄仕事を続ける」といった日々であった。

六六歳の権四郎が、一〇代の徒弟修業を回顧して「厳格といふよりも寧ろ残酷に近いもの」と語る時、彼の脳裏に何が去来していたのか。こうした三年間の年季奉公と半年のお礼奉公を終えた権四郎は、さらに鋳物技術を磨くため、南区御蔵跡《おくらあと》町の塩見鋳物に移った。同所は日用品鋳物を製作していた。

一八八八（明治二一）年七月に父岩太郎を失った権四郎は、上阪時から抱いていた独立への志向をさらに強めた。独立のために一〇〇〇円の元手をつくることを決心した権四郎は、塩見鋳物で当初日給二五銭を取ったが、目標を達成するために懸命の努力を続けた。「其頃の百円と云へば、今の（一九三七年―引用者注）千円にも二千円にも相当したのですから並大抵では出来ません。然し、やつて出来ない事があるものかと思つて色々苦心しました。例へば風呂は冬でも行水ですまし、散髪は自分ひとりで刈るといふやうに苦心したのでしたが、何にしろ自分で散髪するのだから、頭はまるでマンダラの虎頭」といった調子だった。

「屹度《きっと》貯めやう、貯めねば止まぬといふ堅い信念は恐ろしいもので、此の不可能事に近い事が約五年ばかりでどうにか完成しました。（中略）堅い信念の前には出来ない事は殆んど無いものであります」というのが権四郎の信念になった。

このような信念をなぜ持つことができたのかよくわからないが、権四郎がこの信念をその後も手放さなかったことは事実である。

（1）本書の以後の記述は、注記のない限り、基本的に二冊の社史、久保田鉄工編［一九七〇］、『久保田鉄工八十年の歩み』（同社）、及びクボタ社史編纂委員会編［一九九〇］、『クボタ一〇〇年』（同社）によっている。
（2）吉田禎男［一九三六］、『完成への道（第一輯）―徳永氏四兄弟の巻・久保田権四郎氏の巻』（八ツ橋出版部）一九～二〇ページ。
（3）挾間祐行［一九四〇］、『此の人を見よ―久保田権四郎伝―』（山海堂出版部）一六ページ。
（4）久保田藤造［一九五四］、「セルフメードの工業家　久保田権四郎」実業之日本社編『事業はこうして生まれた―創業者を語る』（同社）二四八ページ。

（5）文部省編［一九七二］、『学制百年史』（帝国地方行政学会）一九四～一九六ページ。

（6）以下、竹下百馬・猪股昌孝編［一九四一］、『株式会社久保田鉄工所創業五十周年記念祝典誌・満洲久保田鋳鉄管株式会社創立五周年記念誌』（久保田鉄工所総務部文書課）の附録『ラヂオ講演集（久保田権四郎）』所収の「実業道を語る」二、四ページ。これは一九三七年三月八日に大阪中央放送局から放送されたラジオ放送の講演筆記録である。

# II　創業期の困難

## 独立と度重なる工場移転

一八九〇（明治二三）年二月、一九歳の権四郎は、御蔵跡町の塩見鋳物から近い古長屋の一隅を月八円で借りて、大出鋳物を開業する。間口二間《けん》、奥行四間の床を落として仕事場をつくった。製品を積んだ大八車を引いて、西区立売堀《いたちぼり》の金物屋街に売りに行き、原料の銑鉄(1)を仕入れるという日が続いた。資金繰りに悩まされた権四郎は、売れ残った製品を立売堀の浅井商店に持ち込み、西区千代崎町にあった銑鉄問屋紀野吉三郎商店で輸入銑を仕入れた。鋳物用の国内銑鉄は釜石製鉄所製だけであり、大出鋳物も原料銑の多くを輸入銑に頼った。

当初看貫鋳物屋と呼ばれた大出鋳物であったが、品質のよさを評価されて、次第に日用品鋳物や機械鋳物も手がけるようになった。一八九一年夏、家主から立ち退きを迫られた権四郎は、南

1890年頃の権四郎

区高津町四番丁に鋳物工場跡を見つけ、家賃一五円で借りて移転したものの、それまでに貯えた六〇〇円は全く消尽していた。同年、再出発を期した権四郎は、郷里因島の鍛冶屋の娘サンを妻に迎え、サンは創業期の大出鋳物を支えた。二度目の工場では綿繰機械などの受注生産の比率を高め、長兄の政太郎も応援に来てくれ、二年ほどで二〇〇〇円近い資金を貯めたものの、工場の失火によって追い立てられることになった。

一八九三年夏、今度は南区西関谷町の石井鋳造所の工場跡に移った。石井鋳造所の主人、藤太郎は、権四郎の師匠であった黒尾駒吉の師匠であり、看貫鋳物の草分け的存在であった。翌年の日清戦争期の好況を受けて、従業員は因島出身の弟子を含めて一〇人を超え、大出鋳造所と改称した。権四郎は黒尾製鋼以来呼ばれていた松之助を本名に戻し、工場では「御主人」と呼ばれ始めた。しかし一八九五年五月、石井の鋳物工場が繁忙化したため、ふたたび移転を余儀なくされた権四郎は、すぐ近くに引っ越し、西関谷町工場とした。移転直後の七月、母キヨが亡くなった。

『大阪府警察統計表』（各年度版）によると、一八九二年末現在の大阪府所在の鋳物工場は一七一工場であり、その後、毎年二桁台の「本年新設」があったため、一九〇四年末の鋳物工場は四一五工場を数えた[2]。大出鋳造所（久保田鉄工所）は、こうした鋳物工場の大群の中で次第に頭角を現すようになる。しかし、大阪府が一八九九年末の鋳物工場の状況を海軍省に報告した『鋳造工場表』（明治三二年度）には、三四鋳造工場が含まれていたが、この中に大出鋳造所を見出すことはできない[3]。

明治三〇年代の大阪における機械鋳物工場の集積を検討した研究によると[4]、集積は（一）南区の西円手町・稲荷町・桜川町付近、（二）西区の九条・西九条・本田町通り付近、（三）南区の御蔵跡町・西関谷町・高津町付近、（四）東区の大阪砲兵工廠の南側・南西側付近、（五）北区の天満橋筋・同心町・与力町付近の五地区であった。

この中では、第一、第二地区の規模が相対的に大きかったが、幕末から明治中期にかけては、御蔵跡町が最大の集積地であった。江戸時代の鋳銭場跡地でもあった御蔵跡町には、明治になっても鋳物工場が残った。権四郎は、この鋳物工場集積の第三地区で鍛えられ、育ったのである。御蔵跡町を代表する鋳物工場に大谷鉄工所（創業一八七二年）があったが、前述の『鋳造工場表』によると、同工場は工場建坪四三〇坪、職工数三〇人の規模であった。

## 久保田への改姓

日清戦争前後期には、権四郎の工場では平削盤（プレーナー）を持っていなかったため、削り仕事は南堀江の喜多鉄工所に外注していた。その喜多の紹介で、権四郎は南区大和町の久保田燐寸《マッチ》機械製造所に出入りするようになり、久保田藤四郎の知遇を得た。久保田から注文をもらうだけでなく、資金繰りが苦しい時に金融の面倒までみてもらうようになった。そうした中で、権四郎の人物を見込んだ跡継ぎのいない久保田夫妻から養子になることを懇望されるようになった。

創業期の経営を支えた
権四郎の妻・サン

久保田老夫妻の熱意にほだされた権四郎は、燐寸機械製造は継承しないことを条件に、養子縁組を承諾し、久保田姓を名乗ることとなった。これを機に、大出鋳造所は久保田鉄工所と改称する。一八九七（明治三〇）年六月のことであり、権四郎にはすでに二人の子供がいた。しかし創業期の大出鋳造所、久保田鉄工所を支えたサンは、日露戦争開戦直前の一九〇四年一月に、五人の子供を残して他界し、翌年には師匠の黒尾駒吉も逝去した。一九〇五年に、縁あって権四郎はきみ子と再婚した。彼女との間には二人の子供ができたが、サンが産んだ子供たちのことを考え、きみ子は実子を実家にやった。不幸にしてこの二人は幼くして亡くなったが、その後、権四郎は二人の女子に恵まれることになった。[5]

先の二つの伝記がともに指摘することであるが、養子縁組を持ち出された権四郎は、藤四郎に同家に財産があるかどうかを確かめ、大きな資産がないことを確認した上で、養子になることを承諾したという。財産のある家に入ってそれで成功したとは言われたくない、裸一貫、腕一本で初志貫徹するつもりなので、そうしたことを確認したという。

このエピソードは、二つの社史ではふれていないため、真偽のほどは確認できない。[6] 次男の藤造によると「元主人の義理にしばられて、オヤジは久保田という老夫婦の養子となり」、やはり「久保田家に少しでも財産があるなら、養子縁組みはお断りする。私はこれからずつと鉄工業でやりとおす。それがいけないというのなら矢張りお断りする」といったという。[7]「元主人」が誰を指すのか不明であり、改姓の詳細はよくわからない。

## 鋳鉄管製造への取り組みと新技術開発

一八八七（明治二〇）年に、濾過した浄水を有圧で送水する近代的水道が横浜で開設され、以後函館、長崎、大阪、広島、東京などで水道敷設計画が進展した。近代水道拡大の背景には、コレラをはじめとする伝染病の予防対策があったが、主要資材の水道鉄管を輸入品に頼るか国産化を図るかの問題があった。

東京市の場合、水道用鉄管を輸入品ではなく国産品で賄うことを決定し、一八九三年に川崎造船所や王子製鉄会社を押さえて落札したのが日本鋳鉄合資会社であった。[8] 同社は、横須賀鎮守府造船部長兼横須賀造船所長を辞した遠武秀行が同年一月に設立した会社であり、契約数量は鉄管二万一三三五トン、九九万三五〇〇円という大規模なものであった。

しかし、鋳鉄管製造は予定通りいかず、一八九五年までに六二〇〇トンを納入したに留まり、経営に行き詰まった日本鋳鉄に代わって、その後、日本鋼管が生産・納入を継承することになる。[10]

一方、大阪市では東京市に先立って、一八九二年から水道敷設工事が開始された。当時、大阪で水道用鋳鉄管を製造できるのは大阪砲兵工廠しかなく、同工廠は翌年二月から製造に着手した。一トンあたり四八円六銭四厘の契約代価であったから、二万トンで九六万一二八〇円に達する大工事であり、「鑄管鋳造ノ期限ハ契約締結ノ当日ヨリ仮工場建設及ヒ機械準備ノ為メ凡百貳拾日間ヲ扣除《こうじょ》シ而後五百八十日間」[11] としたにもかかわらず、結局水道用鋳鉄管約二万トンのうち製造できたのは九二六一トン、残り一万七三九トンは輸入に依らざるをえなかった。その後も大阪砲兵工廠は、断続的ながら水道用鋳鉄管の製造を続け、民間、特に大阪における鋳鉄管工場の誕生・成長にも大きな影響を与えることになる。[12]

こうして水道用鋳鉄管の市場が大きく開ける中で、権四郎も鉄管試作に取り組んだ。一八九七年になって、口径三〜四インチの直管ができるようになったが、これは下型を土間に三七〜三八

鉄管の合わせ型斜吹鋳造法のイメージ図

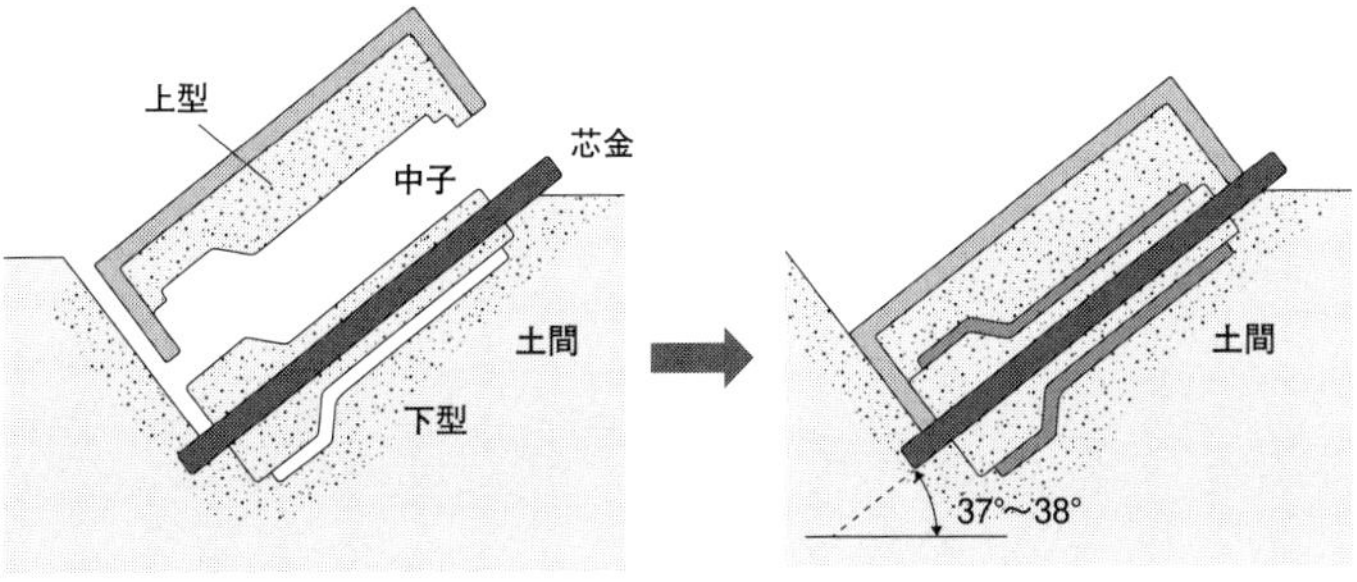


［出典］　クボタ社史資料をもとに作成。

度の角度でいけ込み、上型は木枠に砂込めして合わせる「合わせ型斜吹《ななめぶき》鋳造法」を開発したためであった。

一八九八年に番頭の反対を退けて、権四郎は海軍の舞鶴鎮守府から大量の異形管[13]を受注した[14]。しかし運送人の取り扱いの不注意から、多くの割れが生じ、大きな赤字を生むことになり、翌年末には、取引先に債務の支払い延期を頼んで回る状態であった。

しかしこの経験は、久保田鉄工所に大きな転機をもたらすことになった。多数の職人を使った中に大阪砲兵工廠の鉄管鋳造の経験者がいたため、煉瓦《れんが》造りのピット、分業による量産方式、「合わせ型立吹《たてぶき》法」などのノウハウを学ぶことができ、さらに輸入スクラップの中から「合わせ目のない鋳鉄管」を兄・茂平が見つけ出したのである。こうして久保田鉄工所では、船板囲いのピットを掘り、鉄管を立てて鋳造できる作業場を設け、黒味塗型法[15]を生かして「合わせ型立吹法」による試作に成功する。

大阪砲兵工廠では、一八九四年時点での「水道鉄管鋳造作業要領」によると、「中径ノ大小ニ不拘《かかわらず》直管ノ外型ハ縦割ニシテ地上ニ横置シ引キ型ニテ塑型シ乾燥シタルモノニ黒味ヲ塗リタルモノニシテ之ヲ核心ヲ直立セシメタル両側ヨリ取付ケ螺着シタルモノナリ（中略）核心ハ心鉄ヲ孔中ニ直立シ置キタルモノ二三人ニテ縄ヲ手動的ニ巻キ付ケ其ノ上ニ引型枠ヲ取付ケ」といった作業方法であった(16)。このように大阪砲兵工廠では、鉄芯に縄を巻いた中子を立てて、外側から二つ割りの型を合わせる立吹鋳造を行なっていたが、権四郎はその鋳造法を経験者から学んだのである。

ただし黒味塗型法の革新について、当初は「竿の先に刷毛をつけて塗ったり、あるいはまた太い管の場合は職人がその管の中へもぐり込んで塗るというわけで、欠陥も生じ、非能率的であった」。

そんなある日、「一人の職人が例の耐火黒味を缶に入れ肩にかついでやってきたのだが、どうした拍子か、つまずいて、その缶をひっくり返してしまった。缶から流れ出る黒味が、ズラリと並んだ鋳型へドロドロとかかったのですが、その途端私は、黒味の塗り方はこれに限ると、思いついたのです。これに暗示を得て苦心の結果、黒味塗型法、すなわち耐火材の流し込み方法に成功した」といった経緯があった(17)。

一九〇二年に大阪砲兵工廠では第一鋳造場が新築され、この工場は「斬新ノ設備ニシテ之ニ二百名有余ノ職工ヲ配属シアリテ当時ニ於テハ東洋一ノ鋳造場ナリト賞揚セラレタリ(18)」といった存在であった。具体例は示していないが、大阪砲兵工廠の歴史を詳細に研究した三宅宏司氏は、大阪市の水道事業によって大阪砲兵工廠に鉄管鋳造の技術が定着し、「ほとんど同時期に鋳鉄管の生産を開始していた久保田鉄工所が明治末には全国の鋳鉄管生産の五割を越す『鉄管の久保田』としてわが国最大のメーカーになってゆく大きな刺激ともなった」(19)として、久保田鉄工所の成長に与えた大阪砲兵工廠の意義を強調している。

権四郎は様々な機会を利用して鋳造法を学びつつ、さらに「合わせ型」の改良を進め、一九〇〇年に合わせ型でない筒状の外型《そとがた》を考案して「立込《たてごめ》丸吹鋳造法」を開発し、合わせ目のない鋳鉄管をつくり出した。この立込丸吹鋳造法による「合わせ目のない鉄管」は、業界の注目を集めた。輸入鉄管の最大口径が、東京市では四二インチ、大阪市では三六インチ程度であったため、一九〇三年三月から大阪で開催された第五回内国勧業博覧会に、久保田が出品した四六インチの直管は、大きな評判となった。また、一九〇五年に開業した大阪瓦斯では、社長の片岡直輝が全面的に久保田製鉄管を採用し、当初輸入品を推奨していた副社長のアメリカ人、カロール・ミラーも最後には久保田製品を激賞したといわれている。

日清・日露戦争の戦間期には、鉄管の多くはまだ輸入に依存していた。カロール・ミラーが当初輸入品を推奨したのも、こうした状況を反映するものであった。『大阪外国貿易調』(明治三二年版)によると、鉄管の輸入商館(すべて神戸所在)はアーレンス商会(ドイツ系)、日テレジング商会(米国系)、コーンス商会(イギリス系)、セール商会(イギリス系)、イリス商会(ドイツ

## 合わせ型立吹法・立込丸吹鋳造法のイメージ図

### 合わせ型立吹法

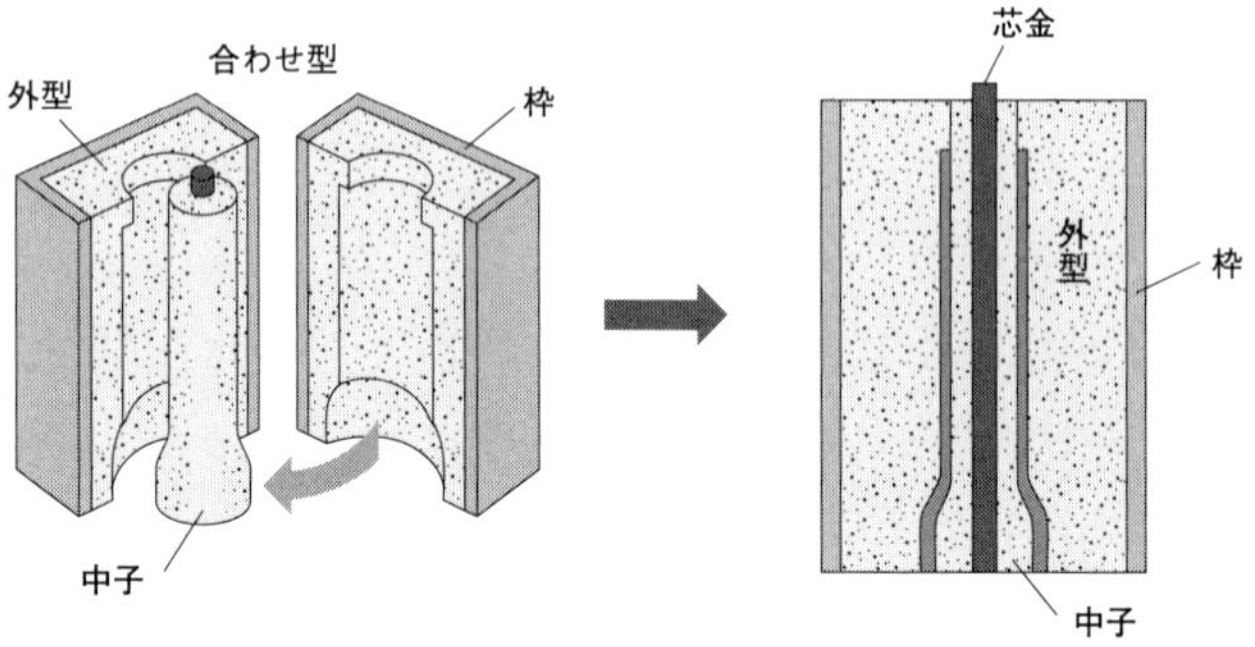


### 立込丸吹鋳造法

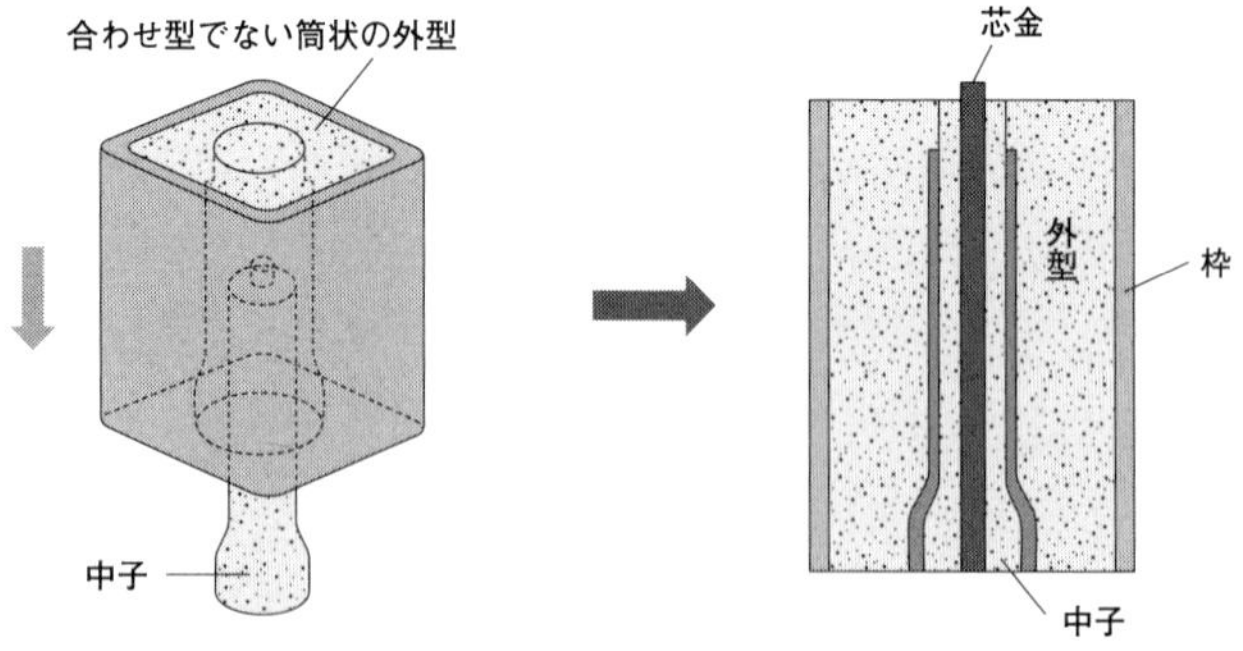


［出典］　クボタ社史資料をもとに作成。

系）、米国貿易商会、ウヲルポール商会（ドイツ系）などであり、日本人引取商は大阪の津田勝五郎、谷澤商会、伴傳輔、大阪テンジンク商会、林音吉、末廣商会、岩田兄弟商会、浅井友太郎、桂松之助などであった。[20]

## 同業他社の動向と久保田鉄工所拡大の軌跡

しかし日清・日露戦争の戦間期に、久保田鉄工所が業界を主導していたわけではない。一九〇一（明治三四）年に西関谷町工場の近くに北高岸町工場を増設したが、久保田鉄工所が『大阪府統計書』の工場欄に登場するのは、〇三年からであり、この時の西関谷町工場の職工数は一五人、〇四年に一六人、〇五年に二六人であった。[21]

久保田鉄工所の職工数は、農商務省編纂の『工場通覧』では一九〇四年末に一六人、〇七年末に五六人（南区北高岸町工場）、〇九年末に三三〇人であり、[22]工業之日本社編『日本工業要鑑』では一九〇九年に三五〇人、一一年に八〇〇人、所員（職員）五〇人であった。[23]

久保田鉄工所が、町工場の域を脱して大きく飛躍するのは一九〇五年以降、特に〇八年に南区北高岸町に本店工場を完成させて「最新式鉄骨構造ノ工場及之レガ設備一切相整ヒ増設致候ニ付毎月優ニ二千噸《トン》以上ヲ製出[24]」するようになってからであった。工業雑誌社編『日本工業録』によると、一九一一年の分工場である西関谷町工場の職工数は二三人であった。[25]

一九〇七年に開催された東京勧業博覧会の審査報告書によると、鋳鉄管は「日本鋳鉄会社ノ失敗ニヨリ殆ト企ツヘカラサルモノノ如キ念慮ヲ抱クモノアルニ至リシカ明治三十三年大阪鉄工所ニ於テ鋳鉄事業ヲ起シ同年八月ヨリ翌年三月ニ亘リ約三千噸ノ鉄管ヲ大阪水道ニ納附シ好果ヲ得シ以来続テ三十五六年ノ頃ニ至リ釜石田中製鉄所又ハ植田堅鉄製造所等ニ於テ斯業ヲ創始シ侵々トシテ拡大ノ盛運ニ向ヒ啻《ただ》ニ輸入ヲ防遏《ぼうあつ》セシノミナラス進ンテ清韓又ハ露領西比利亜《シベリア》ニ輸出スルニ至レリ従テ工場設備ノ如キ何レモ最近ノ進運ニ伴ヒテ設計セラレ殊ニ釜石田中製鉄所ノ大管鋳造工場又ハ大阪鉄工所ノ尼ケ崎新工場ノ如キハ他ノ模範タルヘキモノ」[26]とされたが、そこではもちろん同年に新設着手された久保田鉄工所の本店工場はまだ言及されていない。

一方、一九一四（大正三）年三月に開催された東京大正博覧会の『東京大正博覧会審査報告第十二部審査準報告』（一九一七年刊行）によると、[27]「鋳鉄管ハ明治三十三年大阪久保田鉄工所カ円吹直垂鋳造法（立込丸吹鋳造法―引用者注）ヲ案出シテ良好ノ成績ヲ挙ケテ以来各製造者競ツテ其ノ施工法ノ改善ニ努メ東京堅鉄製作所ニ於テハ其創業者ノ案出ニ係ル植田式鋳造装置並ニ鋳型枠ヲ適用シテ其操業ヲ簡易迅速ナラシムルト同時ニ鉄管ノ偏肉ヲ避ケ管膚ヲ平滑ナラシムルニ於テ成功シ釜石鉱山亦熔礦炉ノ瓦斯ヲ乾燥作用ニ適用スルノ方法ヲ創案シテ鉄管鋳造ノ費用ヲ軽減セル等近時ニ鋳造ニ関スル技術ノ進歩施設ノ改善大ニ見ルヘキモノアリ殊ニ原料ノ選択並ニ其ノ配合ニ留意スルモノニ至リタルノ結果前記三会社ノ出品悉ク優良ニシテ製産額又著シク増加シ」といった状況であった。

東京堅鉄製作所は、植田六郎平が一八九七（明治三〇）年に創立した鋳鉄管工場であり、一九〇七年五月に株式会社に改組した(28)。東京勧業博覧会の審査報告書にあるように、大阪鉄工所では一九〇〇年八月から主として大阪市の上水道用鋳鉄管を製造した。

大阪鉄工所では、以前から大阪市に汽缶類や異形管を納入しており、大阪市の水道技師である佐立二郎が同所に水道用鋳鉄管の製作を慫慂したものの、当時、大阪鉄工所所主範多龍太郎が経営する範多商会が、イギリスのカーレー商会と提携して鋳鉄管を輸入していた関係から、同所には鋳鉄管製造の意思はなかった。

しかし、佐立の熱心な働きかけに動かされ、鋳鉄管事業の将来性に期待した甲賀卯吉支配人は、鋳物工を大阪砲兵工廠に派遣して、鋳鉄管の製造方法を習得させ、数回にわたる試作研究の結果に自信を持った大阪鉄工所では、安治川本工場の一画に鋳鉄管工場を新設した(29)。

一九〇六年度の生産実績は、田中製鉄所四一八四トン（トンあたり六二円）、大阪鉄工所三五二一トン、東京堅鉄製作所三〇〇〇トン（同八〇円）であった(30)。第三期拡張工事に要する水道用鉄管として、東京市は一九〇六（明治三九）年一月にモスレイ商会と約一〇〇〇トン（輸入品）、同年二月に植田六郎平（東京堅鉄製作所）と約一〇〇〇トン、四月に久保田権四郎と約八〇〇トンの購入契約を締結した(31)。

また一九〇八年頃の状況を示した農商務省編『重要輸入品要覧』によると、「鋳鉄管ノ製造ハ多年ノ経営ニヨリ略々完全ノ域ニ達シ内径三吋《インチ》以上三十六吋以下ノモノヲ製造シ水道、瓦斯、電話（地中線）用等ニ供給シ居レリ目今之カ製造ヲナシ居ルハ大阪ノ大阪鉄工所、久保田鉄工所、東京ノ堅鉄製作所、佐賀ノ谷口鉄工所及釜石ノ田中製鉄所ノ五ヶ所ニシテ其設備優ニ内地ノ総需要ニ応スルニ足ルト称セラル[32]」であった。

一九〇八年の生産高は大阪鉄工所九〇〇〇トン、田中製鉄所一万二八〇〇トン、東京堅鉄製作所八五〇〇トンであり[33]、一方久保田鉄工所は五〇〇〇トンにとどまっていた[34]。しかし図1に示されているように一九〇九年以降の久保田鉄工所の生産拡大は著しく、それに応じて本店工場の職工数も急増した。

この頃になると、大阪の鉄工業界において権四郎はよく知られた存在となっていた。例えば尾野好三編『成功亀鑑』は先述の海軍舞鶴鎮守府からの受注について、「明治三十《マ》二《マ》年舞鶴鎮守府で水道用円吹鉄管の購入あるを耳にするや、時至れりとなして氏は是を引受け、渾身の勇気と忍耐とを以て、日夜精励職工を督し殆んど自ら槌を執て製作に従事したが、惜哉《おしいかな》氏の研究未だ至らざるものあり、設備未だ全からず、此事業は遂に失敗に終り、折角蓄積したる家産も一朝にして蕩尽し、剰《あまつ》さへ少からさる負債を生じた此時の氏は実に窮乏の極であつた」と伝え、こうした失敗を乗り越え、「一大鉄骨工場」を新設した久保田鉄工所の現在の年生産能力は二万トン余、一五〇〇万円以上とした[35]。

朝比奈知泉編『財界名士失敗談』下巻も、舞鶴鎮守府からの受注の顚末を紹介し、さらに権四郎について「身を一職工より起して、多くの人を使ふ地位に昇つた氏は、酸いも甘いも知り抜いて居る。思ひやりのある使ひ方をする、職工役員は其処で手足の如くに働き、是れまでついぞ内

図1　久保田鉄工所鋳鉄管生産高の対全国比

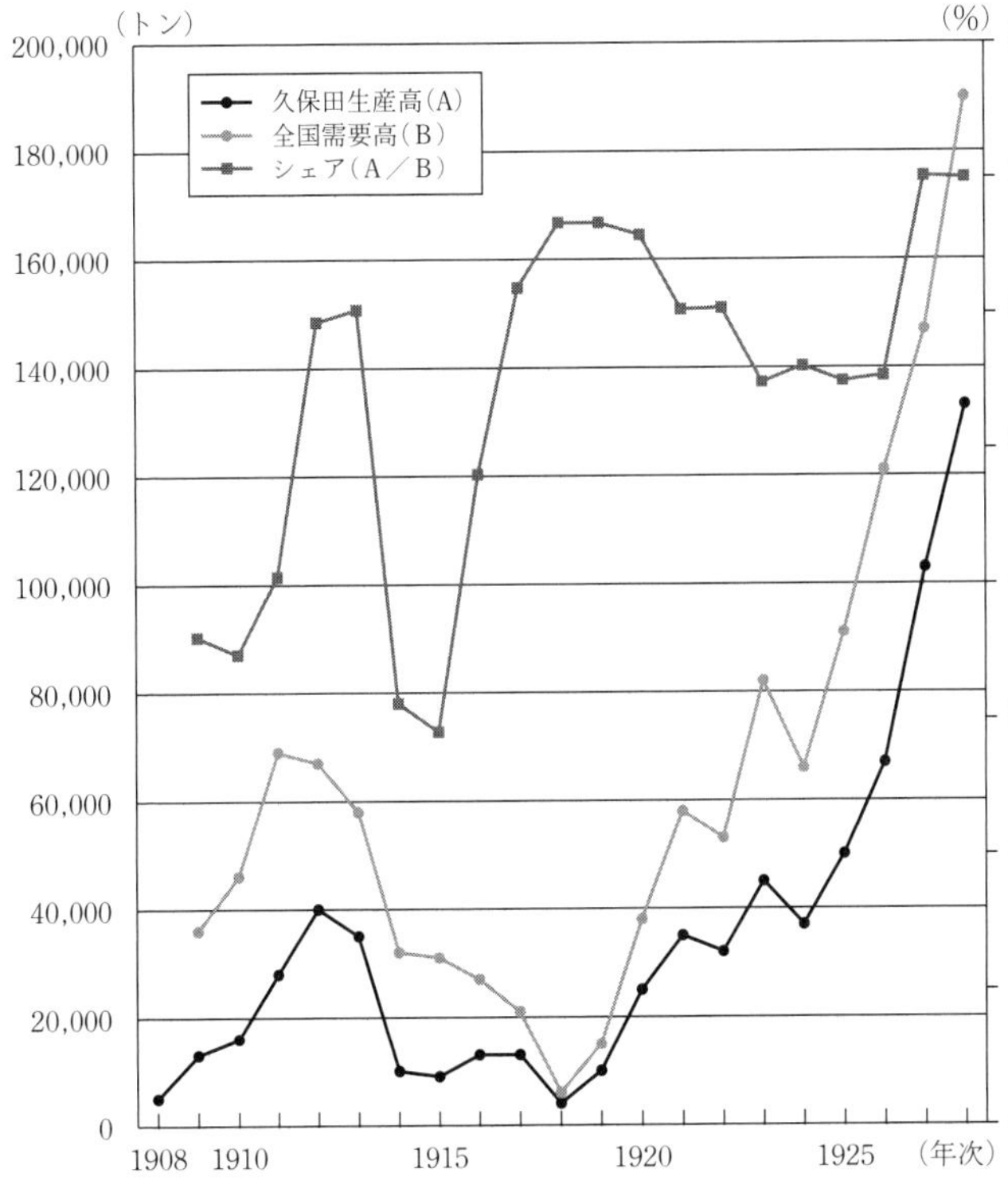


［出典］　久保田鉄工株式会社編［1970］、『久保田鉄工八十年の歩み』（同社）37、46、72〜73、91ページ。

訌様の事を起した例がない」とした。また権四郎の語る工場監督法を「上位をして次位を監督せしむるなり、丙は乙が監督し、乙は甲が監督し、自分は其の甲を監督す、自分自身が甲乙丙を監督せんとすれば、却つて行届かずして失敗多し」とした[36]。

これくらいの工場規模になれば、権四郎がすべてを統括することは不可能であった。支配人をはじめとする位階的な経営組織が必要になっていたのであり、権四郎はそうした経営組織を積極的に構築しようとしていた。

また『工業之大日本』に掲載された「産業百家　久保田権四郎君」は、「自分に学問なく唯経験是れ予の真正の学問なり[37]」といった権四郎の言葉を紹介している。叩き上げの苦労人、権四郎の矜持を物語る言葉である。

しかし権四郎は、みずからの経験のみに依拠する人物ではなかった。「経験」の重要性と同時に、その限界をよく知っていた権四郎は、任せるべきは任せることの決定的意義を、同時に自覚していた。そのこと抜きに、日露戦後の久保田鉄工所の急成長はありえなかったであろう。

（1）高炉などで鉄鉱石を還元して取り出した鉄のこと。銑鉄（pig iron）の用途は主に製鋼と鋳物に分かれる。

（2）大阪府警察部編［各年度版］、『大阪府警察統計表』（同部）。一方、この間の「本年廃止」は一八九六年の一〇件を除いて一桁台であった（同前）。

（3）大阪府『鋳造工場表』明治三二年度（アジア歴史資料センター、Ref. C10127208800、海軍省公文備考、防衛省防衛研究所）。

（4）松田学士［二〇〇二］、「明治期における大阪機械鋳物業の形成」『社会経済史学』第六七巻第五号（社会経済史学会）。
（5）挟間祐行［一九四〇］、『此の人を見よ―久保田権四郎伝―』（山海堂出版部）一三二ページ。
（6）久保田鉄工編［一九七〇］、『久保田鉄工八十年の歩み』（同社）、及びクボタ社史編纂委員会編［一九九〇］、『クボタ一〇〇年』（同社）。
（7）久保田藤造［一九五四］、「セルフメードの工業家　久保田権四郎」実業之日本社編『事業はこうして生まれた―創業者を語る』（同社）二六二ページ。
（8）鋳鉄（cast iron）には多くの炭素が含まれ、組織の中にグラファイト（黒鉛）が晶出する。
（9）材料にねずみ鋳鉄（普通鋳鉄）を使用した管。
（10）以上、市川孝正［一九八四］、「日本の工業化とその担い手―鋳鉄管工業の場合―」前掲『社会経済史学』第五〇巻第一号一八～一九ページ、及び三宅宏司［一九九三］、『大阪砲兵工廠の研究』（思文閣出版）二五四ページによる。
（11）「鑄管製造契約書按」明治二五年（アジア歴史資料センター、Ref. C07050398700、陸軍省大日記、防衛省防衛研究所）。
（12）前掲『大阪砲兵工廠の研究』二四二～二五六ページ。
（13）水道管を曲げたり、分岐したりするためのいろいろな形の管の総称。
（14）以下、前掲『クボタ一〇〇年』一七ページによる。
（15）鋳型の表面が溶銑の熱によって破壊されないように鋳型の表面に種々の塗装を行うことを塗型といい、その材料を塗型剤という。塗型剤に使用する木炭粉を黒味という。詳細は、谷萬之助［一九四四］、『鋳物作業指針』（三省堂）六五～七〇ページ参照。
（16）大阪砲兵工廠弾丸製造所編「大阪工廠ニ於ケル製鉄技術変遷史」昭和二年三月。久保在久編［一九八七］、

『大阪砲兵工廠資料集』上巻（日本経済評論社）一三九ページ。
(17) 久保田権四郎［一九八九］、「今昔を語る」株式会社クボタ人事部編『創業時のクボタと権四郎翁』（同部）九〇ページ所収。
(18) 前掲『大阪工廠ニ於ケル製鉄技術変遷史』一四二ページ。
(19) 前掲『大阪砲兵工廠の研究』二五六ページ。
(20) 大阪府内務部編［一九〇〇］、『大阪外国貿易調』明治三二年版（同部）四三八ページ。
(21) 大阪府編［各年版］、『大阪府統計書』（同府）。
(22) 農商務省編［各年版］、『工場通覧』（同省）。
(23) 工業之日本社編［各年版］、『日本工業要鑑』（同社）。
(24) 久保田鉄工所広告は『工業之大日本』第五巻第一号（工業之大日本社）に掲載。同号は一九〇八年一月一日発行。
(25) 工業雑誌社編［一九一一］、『日本工業録』第四版（同社）三三四ページ。
(26) 東京府編［一九〇八］、『東京勧業博覧会審査報告』巻三（同府）五一五ページ。
(27) 以下、東京府編［一九一七］、『東京大正博覧会審査報告　第十二部審査準報告』（同府）七九〜八〇ページによる。
(28) 工業之日本社編［一九一四］、『日本百工場』（同社）四六ページ。
(29) 以上、日立造船株式会社編［一九五六］、『日立造船株式会社七十五年史』（同社）四〇〜四二ページによる。
(30) 前掲『東京勧業博覧会審査報告』巻三、五一六ページ。
(31)『東京朝日新聞』一九〇六年八月一三日。
(32) 農商務省商務局編［一九〇九］、『重要輸入品要覧』下編（同局）七五ページ。

(33) 同前。
(34) 前掲『クボタ一〇〇年』二一ページ。
(35) 尾野好三編［一九〇九］、『成功亀鑑』(大阪実業興信所) 五五〜五六ページ。
(36) 朝比奈知泉編［一九〇九］、『財界名士失敗談』下巻 (毎夕新聞社) 四五、四八ページ。
(37) 花南俠禪［一九〇八］、「産業百家　久保田権四郎君」前掲『工業之大日本』第五巻第一号二九ページ。

# III　鋳鉄管事業の急拡大

## 業界首位企業への道

前章でみたように、任せるべきものは任せるという権四郎の方針にもとづき、事業拡大に応じて久保田鉄工所は、一九〇六（明治三九）年に支配人制度と技師長制度を採用した。初代支配人は楠川由蔵、初代技師長は内田初三郎であった。

『日本工業要鑑』（一九〇九年版）には、内田初三郎に代わって「技師工学士」蔵田次郎が挙がっている。[1]一九〇八年に京都帝国大学理工科大学機械学科を卒業して、久保田鉄工所に勤務した蔵田は、一一年には堺市の梅鉢鉄工所に転じていた。[2]初代技師長内田初三郎の詳細は不明であるが、蔵田が就職した時にはすでにいなかったものと思われる。

一方、第二代支配人は廣中常四郎であり、廣中は「敏腕を以て聞え、同所（久保田鉄工所―引用者注）の今日ある其の手腕に俟つもの少からず[3]」といわれた。しかし一九一二年七月に、横浜市水道局への水道用鉄管納入に関する贈収賄事件の嫌疑で、久保田鉄工所関係者及び廣中が検挙されるという事件が起こった[4]。その後の詳細は不明であるが、業容の拡大途上にあった久保田鉄工所にとって、これは大きな打撃であった。

表1　久保田鉄工所大口納入先（10万円以上）

| 年次 | 納入先 | 請負金額　（円） |
|---|---|---|
| 1908 | 大阪瓦斯会社 | 411,621 |
| | 高崎市役所 | 157,318 |
| | 堺市役所 | 176,942 |
| | 大阪市役所 | 499,795 |
| | 名古屋瓦斯会社 | 200,996 |
| 1909 | 東京瓦斯会社 | 610,852 |
| 1910 | 横浜市水道局 | 2,179,533 |
| | 京都市役所 | 661,391 |
| | 小倉市役所 | 310,148 |
| | 南満洲鉄道会社 | 199,598 |
| 1911 | 鎮海海軍経理部 | 118,870 |
| 1912 | 横須賀海軍経理部 | 1,412,215 |
| 1914 | 松江市役所 | 185,772 |
| 1915 | 呉市役所 | 199,750 |

［出典］　三山樓主人［1916］、「鋳鉄事業より更に機械製作に進める久保田鉄工所」『鉄工造船時報』第1巻第5号（鉄工造船時報社）34ページ。

しかし前掲**図1**に示されているように、久保田鉄工所の鋳鉄管生産高は一九〇八年以降、一二年まで連年急増し、全国生産に占める久保田鉄工所のシェアは、一二（大正元）年には六割弱に及んだ。久保田はほぼこの時点で、業界首位企業の地位をいったん確立した。**表1**にあるように、一九〇八（明治四一）年以降の生産急増は、各地での水道事業の拡大に支えられていた。需要先は日本国内だけでなく、南満洲鉄道や鎮海海軍経理部（朝鮮）にまで及んでいる。

一方、一九一三（大正二）年の東京堅

鉄製作所（資本金一〇〇万円）の従業者は三五九人、工学士一名を含めて技術者は七名であった。同年の生産高は上下水道用直管八〇〇〇トン、ガス電気用直管四五〇〇トン、その他異形管類一二〇〇トン、以上小計一万三七〇〇トン、鋳造機械類二三〇〇トン、車輪八〇〇トンであった。(5)

大阪鉄工所では、鋳鉄管工事の繁忙から設備拡張が必要となったため、兵庫県川辺郡尼崎町に二万三〇〇〇坪の敷地を購入して、ここに鋳鉄管工場を新設した。同工場では、ドイツ専売特許の回転式鋳鉄管製造装置を設置して大量生産を計画し、一九一二年七月から操業を開始した。年生産能力は約二万トン、従業員は約四〇〇人を数えた。工場長は副支配人の今村勇之助が兼務した。(6)

## 関税改正

明治四〇年代から第一次世界大戦勃発時にかけて、久保田鉄工所をはじめとする民間の鋳鉄管製造業者にとっての大きな課題が、輸入品との競争と大阪砲兵工廠という官営工場との関係であった。

一九一一（明治四四）年の関税改正に先立って、民間の鋳鉄管業者は関税の引き上げを要求した。一九〇九年一一月八日付文書「関税改正ニ対スル意見書」において、小村寿太郎外務大臣に対して、川崎造船所社長松方幸次郎、大阪鉄工所所主範多龍太郎、久保田鉄工所所主久保田権四

郎、紀野吉鉄工所代表社員栗本勇之助、東京堅鉄製作所常務取締役植田六郎平、釜石鉱山田中製鉄所鋳鉄管販売者水橋義之助、永瀬鉄工所々主永瀬庄吉の七名は鋳鉄管関税の引き上げを主張した。[7]

田中製鉄所は一九〇八年当時、国内最大規模の鋳鉄管製造工場を有した。大阪鉄工所は造船業の兼営生産として一九〇〇年から鋳鉄管製造を行なっていた。[8]

民間鋳鉄管製造業者は「本邦ニ於ケル鋳鉄管製造業ハ近年其設備及製造法ノ上ニ著シク面目ヲ一新シ最早其製品ハ外国品ニ対シ何等遜色ナキニ至」っただけでなく、「清満韓等ニ於ケル此種事業（水道・ガス事業―引用者注）ノ発達ニ伴ヒ内国製鋳鉄管ノ如キ其販路ヲ此方面ニ開拓セバ優ニ重要ナル一大生産品タルヲ得ベシ」とした。[9] しかし、原料である銑鉄及びコークスを輸入に依存するため、価格競争力に欠ける点が難点であり、そのために鋳鉄管の関税引き上げを要求したのである。

従来鋳鉄管は、「鉄及軟鋼」の中の「筒及管」に含まれており、税率は協定税率従価一割であったが、これを（一）「筒及管」は甲「鋳鉄ノモノ」と乙「錬鉄ノモノ」に区別し、税率も区分すること、（二）「鋳鉄ノモノ」に対する標準を従価三割とする、（三）従来の従価税を従量税に改めることを要求した。第三点目は内外価格差をトンあたり二〇円と見積もり、従価三割相当のトンあたり一八円を課すというものであった。

この意見書と同内容の関税引き上げ論が、栗本勇之助[10]によって『工業之大日本』に発表された。[11] 弁護士でもあり、雄弁な栗本は、その後も権四郎と並んで、鋳鉄管業界を代表する人物として活動することになる。

実施された関税改正では「筒及管」は「鋳タルモノ」、「抽キタルモノ」、「其ノ他」に区分され、「鋳タルモノ」の税額は一〇〇斤あたり一円（トンあたり一六円八〇銭）となった。民間鋳鉄管製造業者の要求は、ほぼ実現されたといえるだろう。[12]

### 砲兵工廠による鋳鉄管生産と民間企業

もう一つの課題は、大阪砲兵工廠との関係であった。日清戦争期以降、大阪砲兵工廠の先進的な鋳造工場から、労働者や技術者の移動を通して多くを学んだ久保田を含む民間鋳鉄管業者であったが、前掲図1にあるように、一九一四（大正三）年以降、銑鉄価格の高騰を主因とする鋳鉄管の需要低迷に直面すると、大阪砲兵工廠製品が民業圧迫として問題視されるようになった。

大阪鉄工所社長山岡順太郎、栗本鉄工所代表社員栗本勇之助、久保田鉄工所主久保田権四郎、東京堅鉄製作所常務取締役植田六郎平、釜石鉱山代表者水橋義之助の五名は、一九一四年六月四日付「砲兵工廠ニ於ケル一般水道用鉄管製作引受ニ就キ民間当業者ノ被ル圧迫ニ対スル陳情書」を農商務大臣大浦兼武に提出した。[13]

「自今砲兵工廠ニ於テ一切鉄管製作ノ引受ヲ廃止」することを求める陳情書の骨子は、（一）現在の民間の生産能力は年間約一〇万トンであり、内径六〇インチまで完全に国産化できている、

（二）その中で砲兵工廠が生産を継続することは「民業ニ多大ナル圧迫ヲ加フルモノナリ之レカ為メ当業者ノ被フル苦痛損害極メテ大ナリ」、（三）砲兵工廠では工場経営上職工維持の観点から鉄管製造を廃止できないと言われるかもしれないが、鉄管製造額は工廠全体の中では少なく、「鋳鉄管製造ハ其性質上大部分ハ粗雑ナル作業ノ部類ニ属シ到底精緻ナル兵器作業ノ職工維持ニ適セサルハ明白」といった内容であった。

これに対する大島健一陸軍次官の回答は、「東京及大阪砲兵工廠ニ於テ鋳鉄管ノ注文ヲ引受ケタルハ主トシテ官庁及公署ノ依頼ニ応シタルノミニシテ民間業者ト競争シタル事実無之候へ共将来ハ一層民間業者ノ状態ニモ注意シ一見競争ノ渦中ニ投入シツツアルカ如キ誤解ヲ招カサル様大々《それぞれ》注意[14]」するというものであった。

大阪砲兵工廠に関する限り鋳鉄管製造はその後も続くが、それは第一次世界大戦中の陸軍部内の需要や官公署からの要請に応じたものであり、一九一九〜二五年には大阪市、広島市、福井市、和歌山市向け納入の実績があるが、民業圧迫といった規模ではなかった[15]。

## 市場開拓と原料銑鉄直輸入の試み

民業圧迫を抗議する一方で、権四郎は中国市場の開拓を目指していた。一九一三（大正二）年二月に、外務省通商局長に対して、ハルビンでの水道敷設工事について問い合わせ、「水道敷設ハ官公私孰レノ企業ナル哉其名称所在地」、「鋳鉄管所要屯数及内径何吋直鉄管ヲ使用セラル、哉其内容」、「右鉄管買入時期及買入ハ競争入札ニ付セラルル哉其内容」を教えてほしいとした。

ハルビンは「独逸商人ノ勢力盛ナル土地柄ノ由企業者ヨリ直接引受クルコトハ容易ナラサルコト、存候共品質代価ノ点ニ於テ独逸品ニ対シ慥《たし》カニ優越ノ事実有之《これあり》又全世界ノ首位ト称セラルル、英国ノ優良品ニ比シ決シテ遜色ナキ」として、久保田鉄工所は自社製品の競争力の高さを強調していた。しかし本案件は、在ハルビン総領事がハルビン市長ウマンスキーに確認したところ、ハルビン市が計画しているのは水道敷設ではなく、下水溝渠工事であることが判明した。(16)

また一九一三年一一月に、久保田鉄工所は外務省通商局長に対して、中国の武昌水道における販路の可能性に関する調査を依頼した。これに対して、翌月には漢口総領事代理高橋新治から牧野伸顕外務大臣に対して報告があり、その中で、武昌水道会社の工事請負技師長は上海水道工事会社技師も兼務するオーストリア人であり、資材をすでにドイツに発注しており、「水道会社ニ対スル我方供給ノ望ハ目下ノ処之ナキモノト見ルベシ」と指摘された。この報告はただちに久保田鉄工所に伝達され、外務省通商局に対する返書の中で、久保田鉄工所は今後も「清国ニ於ケル水道起業」の情報をご連絡いただければ幸いであるとした。(17)

さらに久保田鉄工所は、原料である銑鉄の、問屋を介さない直輸入の可能性も探っていた。少量の国内銑鉄を除けば、使用銑鉄の中心はイギリス産であり、次に三井物産が取り扱う漢陽銑であった。(18) 年間約四万トン(一五〇万円)に達するイギリス産は「神戸居留屈指ノ外商」をへて購入するものの、口銭は高く(「邦人ノ仲次業[ブローカ俗ニトンビトモ云フ連中アリ]ノ手ヲ経ルヲ却テ安価トスルノ奇観アリ」）、直取引の可能性を探りたいというのが久保田側の希望であった[19]。しかしこの時の在ロンドン商務官田原豊の回答は、やや厳しいものであった。田原によると、久保田鉄工所はすでに同様の問い合わせをしてきており、それに対して回答したにもかかわらず、また問い合わせがあったのが不思議である、また「大坂市久保田鉄工所ハ可ナリノ営業状態ノ由ナレトモ（中略）銑鉄一ヶ月五千屯位ヲ需要スルト云フカ如キハ甚敷《はなはだしく》誇大」とした[20]。

なお国内銑の使用について、釜石鉱山田中製鉄所は「釜石銑鉄ハ其特徴トシテ靭性ニ富ミ堅牢強固ニシテ克《よ》ク撃突ニ耐ヘ特ニ抗圧力強大ニシテ鉄管ノ如キ鋳造物ニ対シテハ他ニ其比ヲ見サルノ良品ナリト雖モ唯タ熔解困難ニシテ流動性ニ乏シキヲ不利ナリトス此故ニ従来鋳造業者ハ一般ニ之レカ使用ヲ難事トシ製品ノ脆弱ヲ顧ミスシテ単ニ熔解ノ容易ニシテ流動宜シキヲ利トシテ英国産れつどかー銑[21]ノ如キ不良品ヲ使用シ或ハ近時支那産漢陽銑等ヲ混用シ僅ニ製品ノ強固ヲ増スノ目的ヲ以テ二三割の釜石銑ヲ調合スルニ過キス」と説明し、それに対して「本工場ハ釜石銑ヲ基礎トシテ起リタル者ナルカ故ニ最初ヨリ他産ノ銑ヲ使用セサルノ方針ヲ決定シ熔解法ノ改良ニ苦心シ（中略）遂ニ克ク成功ノ域ニ達シ釜石銑ノミヲ用ヒテ立派ニ鋳造ヲ行フニ至レリ」としていた[22]。

一方、第三部でみるように、権四郎ら他の鋳鉄管製造業者は、銑鉄成分の問題から外国銑使用を主体とせざるをえないという立場であった。

## 革新技術の意義

日露戦後から第一次世界大戦期にかけての久保田鉄工所の躍進を支えた革新技術の一つに、「回転式鋳鉄管鋳造装置」（一九〇八年特許権取得、特許番号一四七一四号）があった。

「鉄管用型枠ヲ回転スル台枠ノ周囲ニ取リ付ケ以テ型枠ヲ順次回転移動スヘクナシタル回転式鋳鉄管鋳造装置ニ係リ其目的トスル所ハ作業工程ニ於テ著シク操工手数ヲ省キ簡易迅速ニ鋳造シ得ルニ在[23]」る同装置の導入によって、鋳造過程は格段にスピードアップされることになった。

一方、先にみた一九〇〇（明治三三）年に開発された「立込丸吹鋳造法」は特許を取得していない[24]。一九〇七年の紀野吉鋳作所の広告に「当工場は特許局の新案特許を得たる最新式垂直鋳造法を用ひ多年熟練の技師職工によりて作製す[25]」とある。この「最新式垂直鋳造法」と「立込丸吹鋳造法」の関係が定かではないが、特許を取得していない点からみて、「立込丸吹鋳造法」はこの時期になると、久保田鉄工所の独占的技術ではなくなっていた可能性がある。

先にみた東京勧業博覧会の審査報告書によると、「鋳型　通シテ直立鋳造法ヲ採用シ殊ニ鋳鉄管事業ニ於テ困難ヲ感スル彼ノ外型内側ノ乾燥法ハ植田（東京堅鉄製作所―引用者注）ニ於テハ骸炭（コークス―引用者注）ヲ燃焼スル簡単ナル据置暖炉ヲ供ヘ其上部ニ型自身ヲ移シテ安置スル旧式ノ方法ナレトモ其暖炉内火熱ノ加減困難ニシテ啻ニ時間ヲ浪費スルノミナラス細長ナル外型内側ノ乾燥ノ度一様ナラス間々局部不十分ノ結果ヲ得テ往々鋳造ノ失敗ヲ招ク虞アリ」であった。

一方「釜石田中製鉄所ニテハ此等ノ事実ニ鑑ミ先ツ石炭瓦斯ヲ用キテ外型内側ヲ乾燥シ次テぶろぢうーさー瓦斯ヲ用キテ其目的ヲ達スル（中略）此等瓦斯ノ利用ニヨリ其燃焼セル瓦斯火焰ヲ自由ニ型内ニ上下セシメ任意ニ随所ヲ乾燥セシムルヲ得テ釜石ニ於テハ時間ニ於テ約四分一ヲ減シ費用モ亦幾分カ低廉ナラシムルヲ得タリト云フ　其他鋳型内側ニ黒味ヲ塗ル方法ハ何レモ同一ノ方法ニテ巧ニ之ヲ施行セルモ仕上ケ鋳鉄管ノ外部ニ塗被スルこーるたー中ニ釜石ニテハ亜麻仁油ヲ混和スト云フ」であった[26]。

以上の記述からうかがわれるように、一九〇六年頃の東京堅鉄製作所や釜石鉱山田中製鉄所では「直立鋳造法」が採用されており、黒味塗型法も各工場に普及していた。

一九〇七年の釜石鉱山田中製鉄所は鋳鉄管製造について「鉄管ハ総テ乾型直立鋳造法ニシテ」、「鉄管ノ製造ハ直立鋳造法ニ依ルニ非《あら》サレハ鉄質ヲ緻実ナラシメ完全ナル良品ヲ製出スルコト能ハサル」としていた。しかし「鋳型外枠ハ鉄製半円筩《えんとう》形ニシテ左右二個ヲ組合ハストキハ円筩形トナル」、「大管ト中小管トニ就テ鋳型ノ製造方法ニ差違アル点ハ大管ハ鋳型外枠ヲ定所ニ懸垂シテ他ニ異動セサルモ中小管ハ此ヲ定置セス工場内適宜ノ場所ニ於テ組合ハセ」とあり、釜石鉱山田中製鉄所の場合、大中小管すべてにおいて「立込丸吹鋳造法」ではなく、合わせ型立吹法であったことがわかる[27]。

したがって、本店工場を拠点とする一九〇八年以降の久保田鉄工所における鋳鉄管生産の急拡大は、「立込丸吹鋳造法」とともに、特許を取得した「回転式鋳鉄管鋳造装置」によるところが大きかったと考えられる。

東京勧業博覧会の審査報告書が最後に指摘するのが、「目下本邦ニ於ケル一般当業者ノ通弊ハ銑鉄鋳造ニ関スル智識ノ不足ニアリ即チ用ユヘキ地金ノ化学成分ト之レヲ熔融スル方法ノ如何ニヨリテ啻ニ鋳造物其物ノ良否ノ差ヲ生スルノミナラス時トシテ危険ヲ醸スモノナレハ善ク其用ユヘキ銑鉄ニ就キ其時価ニ応シテ適当ナル調合ヲナシ進ンテ熔銑作業ヲ改良セサルヘカラス(28)」であった。

審査報告書は、「地金ノ化学成分」に関する知識と各種銑鉄の調合に関する合理的方法に関して注意を促したのであり、「回転式鋳鉄管鋳造装置」を考案した権四郎に、単なる経験則ではなく、より高度な技術知識の獲得が求められたといえよう。ここに学卒技術者の出番があったといえるが、権四郎にとって生産の現場を知らない技術者は無用であり、あくまでも現場によって鍛えられた技術者を求めたのである。

(1) 工業之日本社編〔一九〇九〕、『日本工業要鑑』第四版(同社)四九〇ページ。
(2) 工業雑誌社編〔一九一一〕、『日本工業録』第四版(同社)一八六ページ。
(3) 文明社編〔一九一三〕、『大阪現代人名辞書』(同社)五七一ページ。
(4) 『東京朝日新聞』一九一二年七月二〇日・二一日。
(5) 工業之日本社編〔一九一四〕、『日本百工場』(同社)四六、四八ページ。
(6) 以上、日立造船株式会社編〔一九五六〕、『日立造船株式会社七十五年史』(同社)四八ページ、及び「大阪鉄工所拡張」『大阪朝日新聞』一九一二年一一月三〇日（神戸大学附属図書館新聞記事文庫）による。
（7）「関税改正ニ対スル意見書」明治四二年一一月八日（アジア歴史資料センター、Ref. B12083075700、外務省外交史料館）。
（8）市川孝正［一九八四］、「日本の工業化とその担い手―鋳鉄管工業の場合―」『社会経済史学』第五〇巻第一号（社会経済史学会）二六～二七ページ。
（9）以下、前掲「関税改正ニ対スル意見書」による。
（10）権四郎が銑鉄を仕入れていた紀野吉三郎商店は久保田の成長に刺激されて一九〇六年六月に紀野吉鋳作所を新設して鋳鉄管製造に乗り出す。しかし同時に拡げていた海運業の失敗によって破綻し、鉄管工場を支配人であり顧問弁護士である栗本勇之助に譲り、栗本は一九〇九年二月に合資会社紀野吉鉄工所とした。その後、一九一四年五月に栗本は、同所を合資会社栗本鉄工所と改称した。久保田鉄工編［一九七〇］、『久保田鉄工八十年の歩み』（同社）二〇ページ、及び栗本鐵工所編［二〇一〇］、『栗本鐵工所　百年記念誌』（同所）五～六ページによる。
（11）栗本勇之助［一九一〇］、「関税改正と本邦鋳鉄管製造業」『工業之大日本』第七巻第三号（工業之大日本社）五～六ページ。
（12）農商務省工務局編［一九一二］、『主要工業概覧』（同局）四二五ページ。
（13）「砲兵工廠ニ於ケル一般水道用鉄管製作引受ニ就キ民間当業者ノ被ル圧迫ニ対スル陳情書」大正三年六月四日（アジア歴史資料センター、Ref. C02031781500、防衛省防衛研究所）。
（14）「回答　次官ヨリ農商務次官へ」（同前史料所収）。
（15）三宅宏司［一九九三］、『大阪砲兵工廠の研究』（思文閣出版）二五五ページ。
（16）以上、久保田鉄工所「清国（哈爾浜）ニ於ケル水道敷設ニ関スル事実調査ノ件願」大正二年二月一二日、及び在哈爾浜総領事本多熊太郎発外務省通商局長坂田重次郎宛書状、大正二年三月四日（アジア歴史資料センター、Ref. B12082072000、外務省外交史料館）による。

(17) 以上、久保田権四郎「海外供給品ニ関シ御調査ヲ願フ件」大正二年一一月二三日、在漢口総領事代理高橋新治「鋳鉄管供給ニ関シ取調方ノ件」大正二年一二月一五日、久保田鉄工所「武昌水道鋳鉄管ニ関シ御調査ノ結果報告書拝受ノ件」大正二年一二月三〇日（「漢口ニ於ケル鋳鉄管供給ニ関シ取調方ノ件」所収、アジア歴史資料センター、Ref. B11090043100、外務省外交史料館）による。

(18) 清国の漢陽鉄廠（一八九〇年設立）が生産した銑鉄。漢陽鉄廠、大冶鉄山、萍郷炭礦が合併して、一九〇八年に漢冶萍公司が成立した。

(19) 久保田鉄工所支配人弘中常四郎「海外輸入取引ニ関スル調査方願」明治四五年三月二五日（「鉄管原料銑鉄ノ直取引ニ関スル件」所収、アジア歴史資料センター、Ref. B11091683500、外務省外交史料館）。

(20) 在倫敦商務官田原豊「銑鉄直取引ニ関スル調査ノ件回答」明治四五年四月一六日（同前史料所収）。

(21) 明治期の輸入銑鉄の太宗を占めたレッドカー銑鉄の詳細については、長島修［一九九七］、「洋鉄輸入の歴史的意義」高村直助編著『明治の産業発展と社会資本』（ミネルヴァ書房）三一六〜三二二、三二七〜三二九ページ参照。

(22) 以上、『日本鉱業会誌』第二七一号（資源・素材学会）六九六〜六九七ページ掲載記事「釜石鉱山田中製鉄所近況（承前）」による。

(23) 「回転式鋳鉄管鋳造装置」特許明細書一ページ。

(24) 権四郎みずからが「三四年に丸吹鋳造法（現在の方法）の能率の良いものを発明して其の特許を得た」と証言しているが〈大阪府知事官房編［一九三五］、「鉄管製作改良功労者　久保田権四郎」『実業功労者苦心談』（同知事官房）二四四ページ〉、これは誤りであろう。

(25) 「紀野吉鋳作所」の広告は前掲『工業之大日本』第四巻第七号に掲載。同号は一九〇七年七月一日発行。

(26) 以上、東京府編［一九〇八］、『東京勧業博覧会審査報告』巻三（同府）五二三ページによる。

（27）以上、前掲記事「釜石鉱山田中製鉄所近況（承前）」による。掲載は『日本鉱業会誌』第二七一号六八五～六八六、六九〇、六九四ページ。
（28）前掲『東京勧業博覧会審査報告』巻三、五二四ページ。

# Ⅳ　第一次世界大戦期の多角化

## 銑鉄価格の急騰による鋳鉄管需要の低落

前掲図１に示されているように鋳鉄管の全国需要量は一九一二（明治四五）年を境に減少に転じ、一二年の水準を上回るのは二三（大正一二）年以降のことであった。需要量の減退は当初の不況の影響だけでなく、第一次世界大戦期には「自分共鋳鉄管製造業者トシテハ時局ノ影響ヲ受ケ原料加工費共ニ著シク騰貴シタル為メ本来予算ニ限リアル水道鉄管ノ如キ註文著シク減少致居候」[1]といった事情が大きく作用していた。銑鉄価格の急上昇が鋳鉄管の実質的需要を大きく制約したのである。

しかし戦争終結後に銑鉄飢饉をめぐる状況は一変する。一九一九年五月になると、「地方各都市に於ける水道敷設事業は戦乱に因る銑鉄暴騰の結果大部分は延期され其の急を要するもののみ木管を代用し来りしが戦乱終熄と同時に銑鉄の市価次第に下落し現今にては高値時代の四分の一となり従つて水道鉄管も割安に製出さるゝに至り目下銑鉄普通品百二十円見当なれば之を以て鉄管を製造する時は約二百円にて出来得る状態となりたれば各地方都市は既画《ママ》事業の実行に着手し之が製造の中心地たる大阪に向つて注文を発し来る者 夥《おびただ》しく」[2]といった状況を迎えた。

以上のように第一次世界大戦期という好況期にもかかわらず鋳鉄管製造業者は原料の銑鉄価格の急騰に影響された需要減退に直面し、従来の生産を維持することができなかったのである。

## 工作機械生産への参入

第一次世界大戦期に銑鉄飢饉に直面した鋳鉄管専業の久保田鉄工所は製品の多角化を模索するようになる。その中で採用された製品の一つが長年にわたって経験のある旋盤鋳物を基礎にした旋盤、工作機械生産であった。

久保田鉄工所は本店工場（後の船出町工場）にあった小径管鋳造の第一・第二工場を取り壊して工作機械工場を新築し、一九一四（大正三）年末から旋盤の製造を開始した。海軍から工作機械の専門家である佐藤順蔵を招聘し、外国製設備機械六〇台を設置した。「この工場の設備機械は優秀な輸入機械を集めてありまして、当時大阪の機械工場で其の点で比肩するものが無い位」といわれた。佐藤は池貝鉄工所（現池貝）の池貝庄太郎と兄弟弟子であり、海軍からヨーロッパに派遣された現場叩き上げの技術者であった。一九一七年には大阪高等工業学校機械科卒業の朝倉乗之輔が入社するが、この時の工作機械設計係員は四名、造機設計係員は八、九名であった。[3]

朝倉は入社と同時に「技術者は如何しても職工の体験を経て来ぬと一人前の技師になれぬ」という権四郎の考え方に従って、まず機械工として訓練を受けた。一年間の訓練のはずであったが、工作機械工場の係員は一年先輩の井澤能夫一人であったため、訓練は半年間で切り上げられ、朝倉は係員となった。[4]

当時大阪を代表する工作機械メーカーの一つに職工から叩き上げた若山瀧三郎が経営する若山鉄工所（一八九八年創業、現新日本工機）があったが、瀧三郎と権四郎は明治期以来の知り合いであり、瀧三郎に対する追悼文の中で権四郎は「自分に与へられたる仕事は、全力を挙げて忠実にやり遂げ度い。従つて自分の住居は、たとへ雨漏りあるとも辛抱するが、天職たる工場は絶対に明るく、清く、気持よくする心得である」という瀧三郎の言葉を紹介し、「全く同感」としている。[5]

小型旋盤から開始した工作機械生産は、その後フライス盤、中ぐり盤、平削盤へと拡大し、一九一六年に久保田鉄工所は海軍の指定工場に指定された。次ページの**表2**は第一次世界大戦期の好況が過ぎ去った二二年の主要工作機械工場を示したものである。池貝、唐津、新潟の各鉄工所及び東京瓦斯電気工業、さらにこの表には出てこないが名古屋の大隈鉄工所（現オークマ）が一九二〇年代後半には「五大メーカー」と称されるようになる工作機械メーカーであった。汽車製造、大阪鉄工所は本業の鉄道車輌製造及び造船のほかに兼営として工作機械生産を行なったが、久保田鉄工所の工作機械生産の規模は五大メーカーに次ぐ位置にいたといえよう。

一九一二（明治四五）年に大阪高等工業学校機械科卒の東山篤次郎（後に権四郎の長女静江と結婚して養子となる）が入社したが、当時まだ久保田鉄工所には学卒技術者はほとんどいなかった。第一次世界大戦前後期から権四郎は学卒技術者の採用を積極化させる。先の朝倉や井澤だけでなく、一九一五（大正四）年に村上謙三（一四年東京高等工業学校機械科卒、堺紡績をへて入社）、一八年に田中勘七（一四年明治専門学校機械工学科卒、鉄道院、大阪電灯をへて入社）、二一年に金丸喜一（〇八年東京帝国大学工科大学船用機関学科卒、神戸三菱造船所をへて入社）が入社した。[6] 朝倉、村上、田中、金丸らはその後も長期に勤続して久保田鉄工所の幹部職員にな

**表2　主要工作機械工場**

| 工場名 | 所在地 | 払込資本金または投資額（千円） | 職工数（人） |
|---|---|---|---|
| （株）池貝鉄工所 | 東京 | 3,400 | 700 |
| （株）唐津鉄工所 | 佐賀 | 1,500 | 480 |
| （株）新潟鉄工所 | 東京 | 3,500 | 400 |
| 汽車製造（株） | 大阪 | 2,210 | 200 |
| 東京瓦斯電気工業（株） | 東京 | 17,500 | 265 |
| （株）若山鉄工所 | 大阪 | 1,000 | 150 |
| 久保田鉄工所 | 大阪 | 1,000 | 120 |
| 安田鉄工所 | 大阪 | 5,844 | 174 |
| （株）大阪鉄工所 | 大阪 | 700 | 270 |
| （株）小松製作所 | 石川 | 500 | 150 |
| 白楊社 | 東京 | 100 | 30 |
| （株）碌々商店 | 東京 | 200 | 120 |
| （資）城東製作所 | 大阪 | 150 | 107 |
| 平尾鉄工所 | 大阪 | 200 | 50 |
| （株）作山鉄工所 | 大阪 | 250 | 200 |

［出典］　農商務省工務局編［1922］、『主要工業概覧』第3部機械工業（同局）93〜94ページ。

表3　久保田鉄工所の経営幹部（1917年4月時点）

| 役職 | 氏名 | 備考 |
|---|---|---|
| 営業部長 | 柴柳新二 | |
| 経理部長 | 須山令三 | |
| 工務部長 | 山本惣治 | |
| 庶務課長 | 木村利亀太 | |
| 顧問 | 鈴木重彦 | 海軍機関中佐 |
| 尼崎工場長 | 五島俊吉 | |
| 工作機械工場長 | 佐藤順蔵 | 元海軍技師 |
| 造機工場長 | 芳野隆三郎 | |
| 設計部長 | 菅瀬 | 工学士 |
| 造機設計主任 | 林米槌 | 元大阪鉄工所造機設計主任 |
| 工作機械設計主任 | 松葉賢志 | 元海軍技師 |

［出典］朝倉乗之輔［1941］、「入社当時の久保田鉄工所並に社長の局面打開策」久保田鉄工所総務部文書課編『株式会社久保田鉄工所創業五十周年記念祝典誌（・満洲久保田鋳鉄管株式会社創立五周年記念誌）』（同所）50ページ。

っていく。学卒者が経営幹部に登用される前の一九一七年時点の久保田鉄工所の経営幹部は表3の通りである。なお経理部長の須山令三、尼崎工場長（後出）の五島俊吉はいずれも因島の大浜村出身で権四郎と同郷であった。[7]

### 舶用機械、製鉄機械の生産

工作機械生産が軌道に乗った一九一六（大正五）年に浅野造船所から八〇〇〇トン級貨物船用の蒸気機関（スチームエンジン）の引き合いがあり、翌年に四台を納入した。これを契機に久保田鉄工所は揚貨機（ウィンチ）や揚錨機（ウィンドラス）などの舶用機械生産に進出した。一九一七年には製鉄事業への進出を企画した浅野合資会社から圧延機を受注し、製鉄機械の生産も開始した。

こうした工作機械、舶用機械、製鉄機械などの諸機械生産の拡大によって本店工場は鋳鉄管製造工場から機械製作工場へと変化していった。工場が手狭となったため一九一六年には正門前に分工場を設け、機械鋳物を生産した。前掲図1にあるように全国の鋳鉄管需要は、一九一一年の六万九〇〇〇トンから一八年の六〇〇〇トンまで減退を続けた。久保田の対全国シェアは、一九一四、一五年には二～三割台にまで低下し、一七年以降はふたたび六割台を維持したものの、一八年の生産高四〇〇〇トンは、一二年の一〇分の一の規模でしかなかった。こうした鋳鉄管不況を挽回する意味からも、機械生産への多角化は久保田鉄工所にとって、不可欠の判断であったといえよう。

## 銑鉄飢饉と尼崎・恩加島工場の開設

大阪製鉄や日本鋳鋼所などが進出し次第に臨海工場地帯を形成しつつあった西区南恩加島町《みなみおかじま》（現大正区）に、久保田鉄工所は一九一六（大正五）年四月、三万八二〇〇平方メートルの土地を購入した。権四郎は本店工場の鉄管部門や西関谷町の鋳物部門などをここに集約する心算であった。

一方、前述のように兵庫県川辺郡尼崎町の工場にドイツ特許の鋳管装置（年間能力二万五〇〇〇トン）を導入し、一九一二（明治四五）年から稼働させていた大阪鉄工所は、第一次世界大戦期になると本業の造船業に専念するため、本工場を分離し、一九一六年五月に関西鉄工株式会社を設立した。
しかし大戦期の銑鉄価格の暴騰に起因する鋳鉄管不況の中で、関西鉄工の経営は好転せず、栗本鉄工所と久保田鉄工所に経営移譲の働きかけがあり、結局、久保田が買収することになった。一九一七年八月、関西鉄工は久保田鉄工所の尼崎工場となり、初代工場長には五島俊吉が就任した。関西鉄工買収の背景には、大阪の市街地に鋳鉄管工場があることの制約、さらに機械生産の増加に伴う本店工場の狭隘化があった。買収時の関西鉄工の鋳鉄管関係従業者数は約二五〇人であったが、彼らはそのまま尼崎工場に引き継がれ、同時に本店工場の鉄管部門の設備と人員が移された。(8)

権四郎がかつて通った見性寺の境内には権四郎からの寄付を記念する石碑が現在もあるが、その石碑は一九一八年一月の建立であり、そこには久保田権四郎と「大坂鉄工所」の名前が記されている。この時期の両者の好関係を物語るかのようである。大阪鉄工所は一九一一(明治四四)年に因島船渠工場を買収して、同社因島工場としており、同社と因島は深い関係があった。

関西鉄工の原料入手難について、一九一七(大正六)年九月に「神戸市水道鉄管量水器の製造を請負へる関西鉄工所《ママ》にては其迷惑甚だしく今後三ヶ所此儘《このまま》に経過する時は止む無く一部分の休業をなすの外なく契約品以外原鉄稀薄の今日新規注文は謝絶しつゝありと又尼崎市水道は鉄類暴騰の影響を受けて予定の工事に着手するは至難にて是亦困難の状態にあり」(9)と報じられた。

関西鉄工の銑鉄入手難はその後も続いた。関西鉄工の専務取締役加納伊之助は、一九一八年に農商務大臣に対してアメリカ製鋳鉄管の輸入許可を求めたが、これは同年七月に神戸市との間で鋳鉄管供給請負契約を締結したにもかかわらず、「現時本邦ニ於ケル鋳鉄管製造業者ハ其主要原料タル銑鉄払底ノ為メ鋳鉄管製作中止ノ姿ニ有之候ニ付外国製品ノ供給ヲ受クルノ已ムヲ得サル状態ニ有之候而シテ欧州戦乱勃発以来米国ヲ除ク諸外国ニ於テハ是亦製作中止ノ状態ナルニヨリ該鋳鉄管ニ付テハ北米合衆国ヨリ輸入セサルヘカラサル次第」のためであった。[10]

第一次世界大戦期の銑鉄飢饉は、鋳鉄管製造業者に甚大な影響を与えた。一九一七年六月に関西鉄工専務取締役今村勇之助、栗本勇之助、久保田権四郎、田中鉱山（釜石鉱山田中製鉄所が改組）鋳鉄管販売人水橋義之助の四名は、連名で陸軍大臣大島健一に対して「水道鋳鉄管ヲ砲兵工廠ニテ製作セラル、ニ関スル陳情書」を提出した。[11] その中の「近頃大阪及東京砲兵工廠ニ於テ陸軍部以外ノ依頼ニ応シ水道其他ノ鋳鉄管製造引受ケ相成居候趣キ拝承致候右ハ時局ノ影響ニ依ル原料銑鉄ノ暴騰又ハ払底ノ為メ民間製造業者ハ従来ノ価格ヲ以テ引受クル事能ハズ已ヲ得ズ工廠ニ於テ救済的ニ御引受ケ相成候モノト思考致候得共我々当業者ハ是ガ為メ不少打撃ヲ蒙リ今後御方針ノ如何ニ依リテハ当業者ノ死活問題ト相成居候」というのが鋳鉄管業者の現状認識であった。

「砲兵工廠ニ於テハ原料銑鉄ヲ市価ニ依ラズ買入レ原価ヲ標準トシテ製作ヲ引受ケラル、ニヨリ今日ノ如キ銑鉄市価暴騰セル際格安ノ貯蔵銑鉄ヲ所有セラル、工廠ノ生産費ト民間当業者ノ生産費トハ著シク懸隔ヲ生ジ候此結果ハ直ニ民間当業者ノ値段ガ高クシテ工廠ノ引受ケ値段ガ安キ事ト成リ工廠ニ註文セラル、次第ト相成申候」、したがって「今後時局救済ノ思召ヲ以テ製造引受ノ不得已《やむをえぬ》場合ニ於テハ其原料ヲ民間当業者ニ交付シテ引受値段ヲ指定シ民間当業者ヲシテ製造セシメラレ度」というのが権四郎らの陳情の骨子であった。

しかし、大阪砲兵工廠提理村岡恒利の陸軍省副官和田亀治に対する回答は、現状認識においてやや異なる。(12)「陸軍部外ノ注文品ハ民間営業者ニ譲リ当廠ハ謝絶致居候」が基本方針であり、例外的に引き受ける場合はやむをえない事情がある時だけであるというのが村岡提理の主張であった。

例えば一九一七（大正六）年二月に大阪市役所から直鉄管四〇〇トン、異形管二五トンを受注したが、これは「新市街開発ニ伴ヒ至急鉄管ノ鋳造ヲ要セシ処近来此ノ種原料騰貴ニ乗シ当営業者同盟シ不当ニ価格ヲ引上ケ之ニ応セサレハ供給スル能ハスト称スルモ市ノ予算ハ到底之ヲ承諾スル能ハス最早工事ヲ中止スルノ外ナキモ斯クテハ給水普及上莫大ノ打撃ニシテ頗ル困難シアル事情ヲ以テ特ニ製造方依頼アリシニ依ル」ためであった。また「大正五年二月注文ニ応シタル鉄管ノ予算ハ大正六年度需要ノ為購買シタル銑鉄ノ価格ヲ基礎トシ算定シタルモノニシテ貯蔵材料ノ価格ニ依リ計算シタルモノニアラス」というのが大阪砲兵工廠の主張であった。

この大阪砲兵工廠の主張を裏書きする史料が、池上四郎大阪市長から陸軍大臣大島健一宛に出された「水道鉄管鋳造之義ニ付稟請」であった。大阪市の人口増加とともに水道使用量が増加し給水能力に抵触する恐れが出てきたため水道拡張を計画しているが、「鋳鉄管ハ時局ノ影響ヲ受ケ之ヲ鋳造スル者乏シキニ至リ會々《たまたま》有之ト雖《いえど》モ其価額著シク高値ナルノミナラス竣成期頗ル不正確ナルヲ以テ事業遂行上困難尠《すくな》カラズ」というのが大阪市役所の認識であった。そこで「本市上水道創始以来屢々《しばしば》鉄管ノ鋳造ヲ御引受被下多大ノ御援助ヲ得居候間柄」にある大阪砲兵工廠に引き受けていただきたいという稟請であった[13]。

こうした銑鉄飢饉に対する抜本的対策として権四郎が構想したのは、上流部門への進出、垂直統合の実現であった。関西鉄工は、隣接した借地を含めて全体で七万五九〇〇平方メートルの敷地を有しており、尼崎工場も引き続き借地してここに製鉄部門を建設し、銑鉄の自給と鉄管の直鋳（溶鉱炉から出る溶銑を固めることなく、そのまま鉄管鋳造の原料とすること）を実現しようとしたのである。

一方、鉄管部門を尼崎工場に移転することが決定されたため、南恩加島には鋳物部門を集約させることになった。一九一八年春には新工場が完成し、初代工場長には田頭重次郎が就任した。一九二二年の恩加島工場の従業者数は二三〇人、異形管主体の生産であり、その後さらに耐熱鋳鉄、発動機・機械鋳物と生産内容を拡大した。

第一次世界大戦期の輸入難は著しく、鉄管の原料である銑鉄価格も急騰した。一九一七年一〇月に権四郎の代理人大熊鶴太は農商務大臣仲小路廉に対して「米国鋳鉄輸入請願書」を提出したが、この輸入を実現するため同年一二月に農商務次官上山満之進から外務次官幣原喜重郎に対して、久保田鉄工所が必要とする鋳鉄が八幡製鉄所や呉海軍工廠で使用される鋳鉄管や工作機械である旨の連絡が発出された(14)。

久保田鉄工所における重要製品である鋳鉄管、工作機械の生産を円滑に進めるためにアメリカ製鋳鉄を確保してほしいというのが農商務省から外務省への依頼であった。

こうした鉄飢饉の中で、関西製鉄株式会社（資本金二〇〇万円）が一九一八年九月に設立された。久保田関係の役員では、社長に久保田権四郎、専務取締役に柴柳新二（久保田鉄工所営業部長）、監査役に須山令三が就任した。しかし会社設立の二カ月後に大戦は終結し、鉄鋼の需給状況も一変した。戦後はインドやヨーロッパから大量の鉄鋼が輸入されるようになり、鉄鋼価格も急落する。関西製鉄は一五〇〇トンの生産をもって、一九二〇年末に休業閉鎖されることになった。

こうして権四郎の上流部門への多角化は挫折することになった。本店工場（含む第一分工場）、恩加島工場、尼崎工場における機械、鋳物、鉄管の三事業部門が一九二〇年代の久保田を支えることになるのである。

## 営業体制の整備

第一次世界大戦期の多角化に対応して、原料調達・営業体制の強化が図られた。一九一八（大正七）年には、東京市日本橋区の鉄鋼問屋の片隅を借りて東京出張所が開設された。初代出張所長は久保田鉄工所の元支配人の楠川由蔵であったが、楠川は東京堅鉄製作所に勤めていたところ、同所が鉄飢饉に影響された事業不振により閉鎖されたため、ふたたび久保田に入職したのである。出張所開設の当初の目的は、主要原料である銑鉄確保のために主要購入先の一つであった東京市の水橋義之助（元釜石鉱山田中製鉄所銑鉄管販売人）商店との連繋を強化することであったが、その後は浅野造船所、横須賀海軍工廠などとの取引連絡、関東以北の水道用・ガス用鉄管の取り扱い窓口として、東京出張所は受注拡大に大きく貢献し、一九三八（昭和一三）年には東京支店に昇格した。

九州地区での取引は当初、代理店である佐々木商店を通じて行なっていたが、一九一八（大正七）年頃から八幡製鉄所との取引が増加し、佐世保海軍工廠などとの新しい取引も軌道に乗るようになると、同年に小倉市に九州出張所（初代所長は大内忠雄）が開設された。さらに一九一九年には呉出張所（初代所長は今西安太郎）が開設され、呉海軍工廠向け各種工作機械、スチームハンマー、砲金バルブなどの受注に注力した。

（1）「水道鋳鉄管ヲ砲兵工廠ニテ製作セラル、ニ関スル陳情書」大正六年六月（アジア歴史資料センター、Ref. C03022418900、陸軍省大日記、防衛省防衛研究所）。
（2）「水道敷設と銑鉄」『大阪新報』一九一九年五月二日（神戸大学附属図書館新聞記事文庫）。
（3）以上、朝倉乗之輔［一九四一］、「入社当時の久保田鉄工所並に社長の局面打開策」竹下百馬・猪股昌孝編『株式会社久保田鉄工所創業五十周年記念祝典誌（・満洲久保田鋳鉄管株式会社創立五周年記念誌）』（久保田鉄工所総務部文書課）五〇ページによる。

（4）同前。
（5）大阪若山鉄工所編［一九四〇］、『故若山瀧三郎氏追悼録』（同所）二一六〜二一七ページ。
（6）「主タル技術者氏名経歴」（『株式会社久保田鉄工所機械部』所収、昭和八年、アジア歴史資料センター、Ref. C05023225800、防衛省防衛研究所）。
（7）小田原大造［一九六二］、「私の履歴書」『私の履歴書』第一六集（日本経済新聞社）九一ページ。
（8）久保田鉄工所編［一九五一］、『日本に於ける鋳鉄管事業発達史』（社内資料）四四ページ。
（9）「米鉄解禁運動」『大阪朝日新聞』一九一七年九月七日（神戸大学附属図書館新聞記事文庫）。
（10）関西鉄工株式会社専務取締役加納伊之助「請願書」大正七年（アジア歴史資料センター、Ref. B11100587700、外務省外交史料館）。なお一九一八年においても関西鉄工を名乗っている理由については不明。
（11）以下、前掲「水道鋳鉄管ヲ砲兵工廠ニテ製作セラル、ニ関スル陳情書」による。
（12）以下、大阪砲兵工廠提理村岡恒利「水道鉄管製造ニ関スル件回答」大正六年七月（前掲、アジア歴史資料センター、Ref. C03022418900、陸軍省大日記、防衛省防衛研究所）による。
（13）池上四郎大阪市長「水道鉄管鋳造之義ニ付稟請」大正七年二月一三日（アジア歴史資料センター、Ref. C03011069600、陸軍省大日記、防衛省防衛研究所）。
（14）「久保田鉄工所ノ銑鉄輸入方ニ関スル件」大正六年（アジア歴史資料センター、Ref. B11100566800、外務省外交史料館）。

# Ⅴ　戦間期の労使関係と事業動向

## 一九二〇年代初頭の久保田鉄工所における労働状況

一九二一（大正一〇）年三月現在の久保田鉄工所の全容をみると、本工場（本店工場を一九年一月に改称、南区北高岸町、建坪二七九三坪）、第一分工場（南区船出町、建坪四一二坪）、恩加島分工場（西区南恩加島町、建坪九七五坪）、尼崎分工場（兵庫県尼崎市大洲村、建坪三一八二坪）の四工場体制で、従業者数は一五〇〇～二〇〇〇人であった(1)。

本工場は第一～第四工場に分かれ、第一工場では工作機械、水雷・砲熕《ほうこう》部品、第二工場では船舶用諸機械、造船用諸機械、製鉄用諸機械、起重機、及び一般雑機械、第三工場では大型船舶用主機が生産され、第四工場は砲金、マンガン青銅、燐青銅、その他の合金工場であった。第一分工場は一般機械鋳物の鋳造、恩加島分工場は機械鋳物及び異形管製作を行い、尼崎分工場は直管

**表4　本工場種別年齢別労働者数（1920年末時点）**

（人）

| 種別 | 17歳未満 | 17歳～50歳未満 | 50歳以上 | 合計 |
|---|---|---|---|---|
| 旋盤 | 14 | 165 | 1 | 180 |
| 仕上 | 11 | 135 | 1 | 147 |
| 鍛工 | | 21 | | 21 |
| 鋳物 | 7 | 105 | 2 | 114 |
| 木型 | 1 | 37 | | 38 |
| 電気 | 1 | 7 | | 8 |
| 運搬 | | 27 | 2 | 29 |
| 雑役 | 2 | 99 | 8 | 109 |
| 合計 | 36 | 596 | 14 | 646 |

［出典］　吉田寧「久保田鉄工所労働事情」大正10年12月。

工場、異形管工場、水圧試験場、仕上工場、一般鋳造工場に分かれた。

協調会（一九一九年設立）調査によれば、一九二〇年末現在の本工場の労働者数は六四六人であり、種別人数は旋盤工、仕上工、鋳物工の順であった（表4参照）。事務員は六三人（うち女三人）、技術員は二五人であった。[2] 一九二一年一一月末では組長一〇人、伍長五〇人、平職工四九〇人であり、二〇年末と比較して、労働者は一〇〇人近く減少していた。

徒弟制度については「徒弟制度ナク見習工トシテ十五歳以上ノ者ヲ採用スルモ普通職工ト何等ノ区別ヲ設ケス」であり、企業内訓練施設はなく、ＯＪＴ（On-the-Job Training）が唯一の熟練形成方法であった。「職工ノ移動ハ好況時ニ多ク昨今ハ極メテ少ナシ」といわれた。一九二〇年恐慌の影響は極めて大きく、二一年末には労働移動は沈静化していた。

一九二一年に久保田鉄工所で働く二一歳のある鋳物工

の個人史をみると、[3]この鋳物工は四歳で父を、一四歳で母を亡くし、一六歳から舞鶴海軍工廠で蒸気機械の仕上工として働き、一八歳で大阪に出た。口入れ屋の紹介でブリキ印刷屋で半年ほど働き、次に料理屋の運び方となり、一年ほどして知人の紹介で大阪電球会社に入り、その後、一九二〇年九月には三星汽船で製缶の仕上げをしたが、同社が閉鎖されたため久保田鉄工所に入った。

印刷屋では住み込みで月一円の小遣い、料理屋では月三円の小遣い、大阪電球では常傭で日に一円、三星汽船では二円二〇銭の常傭、受け取り（請負）の場合は二円六〇〜七〇銭以上にもなったが、解散の際には何の手当も支給されなかった。久保田には二円の常傭で採用された。

各工場の勤続年数別構成をみたのが**表5**である。一年以内の者が全体に占める割合は六一・六パーセント、三年以内勤続者の割合は九三・八パーセントと労働者の勤続年数は短かった。勤続奨励法として皆勤賞が勤続年数に応じて年末に支給され、退職手当も勤続年数に応じて支払われた。例えば勤続年数一〇年の組長は一〇〇日分、伍長は七〇日分、職工は五〇日分の退職手当が支給された。[4]

「職工規則」の中からいくつかの事項をみると、「出入ニ関スル心得」として「出勤者ハ仕事着若ハ洋服ヲ着用スヘシ　但シ運搬工ニ限リ法被ヲ着用スヘシ」、「出勤者ハ総テ職札ノ調査ヲ行フ、職札ナキモノハ欠勤者ト見做シ工賃ヲ支給セス」とある。工賃は前期は七日締め切り、一三日支給、後期は二二日締め切り、二八日支給であった。

表5　勤続年数別工場別労働者数構成（1920年12月24日時点）

（人）

| 勤続年数 | 第1機械工場 | 第2・第3機械工場 | 砲金工場 | 電気部 | 第1分工場 | 恩加島工場 | 雑工部 | 尼崎機械鋳物工場 | 尼崎鉄管工場 | 合計 |
|---|---|---|---|---|---|---|---|---|---|---|
| 3ヵ月以内 | 50 | 137 | 18 | 4 | 58 | 70 | 3 | 62 | 248 | 650 |
| 3ヵ月～1年 | 23 | 45 | 5 | 4 | 18 | 6 | 2 | 12 | 111 | 226 |
| 1年～1年半 | 12 | 91 | 13 | 1 | 10 | 7 | 10 | 51 | 17 | 212 |
| 1年半～2年 | 16 | 83 | | 2 | | 9 | | 4 | 29 | 143 |
| 2～3年 | 23 | 46 | | 2 | 1 | 14 | 2 | 12 | 3 | 103 |
| 3～4年 | 10 | 6 | | | | 10 | | 8 | 3 | 37 |
| 4～5年 | 1 | 1 | | 1 | 2 | 5 | | 1 | 2 | 13 |
| 5～6年 | | | | | | | | | 1 | 1 |
| 6～7年 | | 1 | | | | | | 1 | 5 | 7 |
| 7～8年 | | | | 1 | | | 2 | | | 3 |
| 8～9年 | | 1 | | | | | | 1 | 4 | 6 |
| 9～10年 | | 1 | | | | | | 2 | 3 | 6 |
| 10年以上 | | 2 | | 1 | | | | 2 | 10 | 15 |
| 合計 | 135 | 414 | 36 | 16 | 89 | 121 | 19 | 156 | 436 | 1,422 |

［出典］　前掲「久保田鉄工所労働事情」。

また「一般心得」として、以下の行為は処罰の対象となった。「役付職工ノ命ニ従ハズ反抗シタルトキ」、「工場内ニテ飲酒シ又ハ他人ト争論若ハ喧騒ニ渉ル行動アリタルトキ」、「作業中喫飲、喫煙、眠ヲナシタルトキ」、「濫リニ私品ヲ製造シ若ハ他人ノ依頼ニ応シテ製造ヲスルトキ」、「作業中濫リニ受持場ヲ離レ又ハ他人ノ作業ヲ妨グルトキ」、「職札ヲ破損シ又ハ其ノ掛ケ外シヲ他人ニ依頼シ又ハ之ヲ承諾シタルトキ」。さらに「役付職工ニシテ若シ其ノ任ニ適セズト認メタルトキハ平職工ニ復スルコトアルヘシ」として降格の可能性も示した。

次に賃金の支払い方法であるが、調査時期には後述のように八時間労働制が実施されていたため、「賃金ハ純労働八時間ニ対シ一人工《にんく》トス」とされ、八時間を超える労働に対しては残業代が支払われた。また「機械工場請負規定」によると、「製作品一台毎ニ総工数請負トス」、「請負総工数ハ主事、技師長、職長、合義ノ上決定ス」、「利益金ハ出勤日数ト日給ノ積ニ比例シテ之ヲ分配スル」、「請負利益分配ノ総金額ハ技師長、職長、庶務係ノ合義ニテ之レヲ決ス」とされた。

一方「砲金工場請負規定」では「砲金鋳物一貫ノ工賃ヲ三五銭トス」、「重量ハ鋳張（鋳型からはみ出た溶解した銑鉄―引用者注）ヲ取除キタルモノトス」、「請負工賃ノ一割ハ不合格代納ノ準備金及ビ貯蓄ノ目的ニテ是レヲ工場預金トス」とされた。

## 労働争議の発生

一九一九（大正八）年九月、川崎造船所での争議に影響を受けた本工場の第二・第三工場職工三八〇人は、退場して各所で会合をもち、一七日には委員六名を選んで酒井工場長と会見し、職工側は従来の手当五割を日給に引き直したうえ、さらに三割の臨時手当を要求した。(5)

これを受けて、酒井工場長は須山令三、木村利亀太《りきた》の両幹部に連絡した。会社側は日給への引き直しは難しいものの、手当二割の歩増を回答した。しかし、第二・第三工場の増給運動を聞きつけた第一工場の職工も、同一歩調をとる気配を示した。会社提案がそのまま受け入れられたかどうかは定かでない。こうした中で、久保田鉄工所の重役会議において、賃金はそのままとして八時間労働制を導入することが決定された。(6)

しかし一九二〇年恐慌をへて、労働市場の状況が一変する中で、久保田鉄工所は二一年四月に、本工場だけでなく、恩加島工場、尼崎工場も含めて従来の八時間労働制を一〇時間に延長する旨を、組長を通して職工に申し渡した。これに対して労働者側は、一〇時間制への後退は絶対不可であるが、「冗員淘汰」は認める旨の対案を示した。(7)

戦後不況に直面した久保田鉄工所は、一九二〇年に一〇〇人、二一年に約二〇〇人の解雇を余儀なくされた。そうした中で、一九二一年六月に本工場の職工七〇〇名余が労働時間の短縮、解雇手当、退職手当、団体交渉権、工場委員制度などに関する要求書を提出し、同年七月には尼崎・恩加島工場の職工約五〇〇人も本工場と同一歩調をとって行動を起こした。七月五日に尼崎鉄管工場前に張り出された、会社側が決定した工場委員会案が、「物価の指数に応じて賃金の増減、衛生設備、風紀取締等を審議する機関であるが裁決権の無い骨抜のものであるのに」憤慨した職工は、本工場と連繋して五島工場長に一〇ヵ条の要求書を手渡した。第一条「横断組合を認め団体交渉権を確認する事」に対して会社側は「時代は未だ横断組合を認める時期に非らず」、「職工の雇傭及解職を職工側委員に一任する事」に対しては「絶対拒絶」を回答した。[8]

神戸三菱造船所、川崎造船所の大争議に代表されるように、一九二一年は第二次世界大戦前の労働運動史上記念碑的な年となった。関西の大経営でも軒並み争議を経験することになるが、久保田鉄工所でも激しい争議が展開された。

一九二一年七月一四日になって、尼崎工場では桜井忠剛尼崎市長、上村盛治市会議長らの仲裁によって争議が解決し、翌一五日には本工場でも労使協議の結果、（一）団体交渉は経営側発表の工場委員制による、（二）退職手当は一ヵ年以上勤務者に支給する、（三）今回の争議に関して解雇者を出さないなどの諸点が確認された。

一九二一年九月から工場協議員会が発足し、同会では（一）工場委員会へ提出すべき議案の査定、（二）工場委員会議事経過の報告、（三）各工場における能率増進に関する事項などが協議された。工場委員会委員は工場協議員を候補とし、第一工場二名、第二・第三工場三名、砲金工場・運搬部（電気部・倉庫部）一名、第一分工場一名、恩加島工場二名、合計九名が選挙された。[9]一方、尼崎工場では労働者約二〇人に一人の割合で工場協議会員が選ばれ、その中から九名の工場委員会委員が互選された。[10]

工場委員会委員の選挙に先立って、会社側は「委員選挙ニ就テノ心得」を作成し、「陰弁慶ノ人ヲ選挙シナイコトデス」、「飛ビ離レタ意見ヲ持ツタ人ハ選バヌコトデス」、「誰レノ前デモ自分ノ信ズル意見ハ飾リナク発表シ其主張ニ勇ナルト共ニ一旦其非ヲ悟ラバ他人ノ説ヲ容レルニ吝《やぶさか》ナラザル雅量アル人ヲ選バナケレバナリマセン」、「皆様ガ若シ前各項ノ様ナ人物ヲ探シ出スコトガ出来ナイデ選挙ニ困ルト言フ方ハ平常乱暴ナ議論ヲセナイ人デ確《しつか》リシタ人ヲ御選ビニナレバ間違ハ少ナイト思ヒマス」と訴えた。(11)

「飛ビ離レタ意見ヲ持ツタ人」を説明して、会社は「欧州戦争以来我国へ輸入セラレタ思想ノ内ニハ日本ノ国情ト全然相容レナイモノモアリ又時代ニ不相応ナル過激ニ渉ルモノモアリマシタ（中略）過激思想家ノ建設セントスル制度ヲ直チニ日本ニ実施シヨウト考ヘル人ガアルナラバ夫レハ御互ヒ六千万国民ノ注意人物デアリ警戒人物デアル（中略）工場委員会ノ創設ハ皆様ノ進歩発展ヲ期スル所以デアリマスカラ互譲ノ精神ニヨリテ逐次ニ向上ノ階段ヲ計ラネバナリマセン皆様ガアツテノ工場デアリ工場ガアツテノ皆様デアリマス」と訴えた。

労使一体を強調することで、会社側は第一次世界大戦後の新たな労使関係の安定を目指した。この選挙によって選ばれた委員が、委員制度規定を決定し、次にその規定にもとづいて工場委員会委員の選挙が行われた。

こうして一九二一年九月から、久保田鉄工所でも工場委員会制度が実施された。その後、尼崎工場では職工全員が総同盟尼崎連合会に加入し、久保田支部を設置した。工場委員会の設置にもかかわらず、尼崎工場では一九二三年に争議が発生した。この時には、先の関西鉄工から久保田鉄工所に移った小田原大造[12]が、工場長代理として交渉の矢面に立った。小田原はこの時のことを「争議による解雇はしないという条件をつけて徹頭徹尾話し合いを行ない、労使が工場能率をあげて賃上げする約束を約束通りまじめに実行した結果、非常に円滑に進み、かえって能率のあがる工場にさえなった。このため久保田老人からたいへんほめられたほどであった」と回顧している[13]。

しかし内務省社会局労働部によると、一九二三年から二六年はまだ過渡期であり、労使交渉は円滑を欠いた。一九二六年一一月に、事業不振を理由として、経営側は賃金の一割引き下げを発表したが、工場側代表工務主任小田原大造と労働者代表支部長牧野治郎右衛門の交渉の結果、「老朽並不良職工の淘汰（解雇者に対しては規定の解雇手当に多少の涙金を支給せり）を行ひ、以て其賃金の幾部を残存職工に補給することゝなり円滑解決を見るに至」った[14]。

続いて尼崎工場では、一九二九（昭和四）年六月にも争議が起こった。当時、同工場の労働者数は八一〇人を数えたが、全員が参加しての争議であった。事業不振のため、第二工場の閉鎖を余儀なくされ、職工四八人を工場内の他の職場に異動させるか馘首するかの選択を迫られた経営側は、異動を認めるものの、欠勤が多く勤務に熱意を欠く一五人を退職させるため、まず九人の退職を工場長が慫慂した。これに対する五日間の交渉の結果、解雇者八人に対して総額一二五八円六〇銭（最高三〇六円九〇銭、最低七八円一〇銭）を支給することで妥結した[15]。

また一九二九年八月には、恩加島工場（労働者数二一六人）において全員が参加する争議が発生した。事業不振から工賃単価二割五分の引き下げを発表したところ、組合側は争議の構えに入った。しかし競争関係にある栗本鉄工所を考慮して、経営側は請負単価の引き下げを一割とする、二二名を解雇する、人選については組合の意見を考慮する、日給二円以下の者に対して七〜一〇銭の増給を行う、争議団に一〇〇〇円を贈ることを提案し、争議は解決することになった。[16]

以上のように、工場委員会制度実施以降も、久保田鉄工所では間欠的に労働争議が発生した。同社の労使関係が本格的に安定するのは一九三〇年代に入ってからのことであった。

## 一九二〇年代後半の「職工規則」

一九二六年の「職工規則」によると、職工は定傭、見習、臨時傭の三種とされた。[17] この時期も八時間労働制が採用されており、午前七時半始業、午後四時終業、正午から三〇分の昼食休憩であり、午後四時以降の残業については、一時間ごとに割増率が逓増する仕組みとなっていたが、「請負作業上ヨリ此原則ヲ変更スルコトアルベシ」となっており、久保田では請負給が基本であった。

「職工規則」の中の「職工心得」では、「左ノ各項ハ日常心得フベキ重ナルモノ」として、「一、上司ノ指揮ニ違反シ又ハ抗弁セザルコト」、「二、無届ノマ、欠勤セザルコト」、「三、工場内ニテ私用品ヲ作ラザルコト」、「四、工場内ニテ酒ヲ飲マヌコト」、「五、入場退場ハ静粛ニシテ混雑ヲ起サザルコト」、「六、火気ヲ注意スルコト最後ノ退場者ハ必ズ火気ノ始末ヲ十分ニスルコト」、「七、就業時間中ハ喫煙セザルコト休憩時間中ト雖モ木材倉庫及其附近ニテハ決シテ喫煙セザルコト」、「八、旋盤ノ調帯及歯車起重機足場等ハ注意シテ怪我ナキ様ニスルコト」、「九、楽書ヲセザルコト」、「一〇、便所外ニ用便セザルコト」、「一一、夏季ハ特ニ衛生ニ注意シ生水ヲ飲マヌコト」、「一二、職札ノ掛外シヲ他人ニ依頼シ又ハ之ヲ承認セザルコト」、「一三、許可ナクシテ私有物ヲ携帯シテ入場セザルコト」、「一四、工場内ニ於テ喧嘩争闘其他粗暴ノ行為ナキコト」、「一五、工場内ニ於テ濫リニ集会ヲナシ又ハ他人ヲ強制扇動セザルコト」の一五カ条が指摘された。

三菱神戸造船所の場合、「一、上役ノ指図ニ違反シ又ハ其ノ指図ヲ待タスシテ恣《ほしいまま》ニ仕事ヲ為シ或ハ仕事上ノ失錯ヲ隠蔽シタルモノ」に始まる懲戒対象になる行為三〇カ条が示され、それらに該当した場合は「譴責又ハ一時間分乃至《ないし》三日分ノ賃金ヲ減給ス但シ事態重キモノハ停職又ハ降等ヲ命シ若《もしく》ハ直ニ解傭スルコトアルヘシ」であり(18)、久保田鉄工所と比較してより厳しい内容であった。

### 製品多角化の修正〈一〉舶用機械、工作機械生産の不振

一九二〇年恐慌をへて、日本経済は新たな局面に入った。久保田鉄工所の主要三部門の中で最も大きな打撃を受けたのは機械部門であり、特に舶用機械、工作機械の落ち込みが激しかった。造船所からの注文は途絶し、一九二一年末には舶用機関の製造を中止した。

一九二一年に大阪で開催された農商務省主催の工作機械展覧会において、久保田鉄工所の出展三機種（八尺平削盤、平フライス盤、一〇尺旋盤）はすべて入賞した。八尺平削盤は「米国『シンシナチー』平削盤製造会社ノ型ニ則リ多年ノ実験及学理的研究ヲ加ヘ製作セルモノ」、平フライス盤は「米国『ミルウオーキー』製造会社ノ型ニ則リ多年ノ実験研究ヨリ得タル設計ニ基キ製作セルモノ」、一〇尺旋盤は「欧米ニ於テ著名ナル工作機械製造会社ノ製品ニ就キ各設計並ニ工作上ノ特長ヲ考査シタルモノヲ経テトシ同所多年ノ実験及学理的研究ヲ緯トシ製作セルモノ」であり[19]、後発メーカーでありながら久保田鉄工所は工作機械メーカーとして急速に技術力を高めていた。

しかし入賞した久保田製八尺平削盤に対する審査概況は「耐久力ト精度ニ於テ高級品ト称スルニ足ラサルモ実用ニ適ス[20]」であり、突出した品質を実現するまでには至っていなかった。呉海軍工廠砲熕部に対して、一九一七、一八両年で、計四五台の工作機械を納入した久保田であったが、一九年以降納入は途絶する[21]。五大メーカーと称される工作機械メーカー（池貝、大隈、唐津、新潟の各鉄工所と東京瓦斯電気工業）が縮小する軍需にかろうじて結びつくことができたのに対して、久保田製工作機械は、陸海軍工廠からそこまでの信任を得ることができなかった。

前掲**表2**に示された大阪の工作機械メーカーの中で、本業を有する汽車製造と大阪鉄工所を別にすると、一九二〇年代末に工作機械生産を継続していたのは平尾鉄工所のみであり、久保田鉄工所は、二〇年代半ばに工作機械生産を中止し、若山、安田、城東、作山の各メーカーは倒産、廃業した。

## 製品多角化の修正〈二〉自動車生産への参入と撤退

一九一九（大正八）年一二月に、実用自動車製造株式会社（資本金一〇〇万円）が設立された。前年に来日したアメリカ人技術者ウィリアム・R・ゴーハムが小型三輪自動車を製作し、これを知った大阪砲兵工廠の水野保太郎は、権四郎の娘婿である久保田篤次郎を訪ねて、その企業化を勧めた。当初、権四郎は新規事業に逡巡したものの、養子篤次郎の熱意、大阪の有力財界人である津田勝五郎、山本藤助、柴川栄助らの支持もあって、結局この自動車製造事業に乗り出すことになった。

権四郎が社長に就任した実用自動車製造では、ゴルハム式三輪自動車の製造権を一〇万円で買い取り、ゴーハム自身も月俸一〇〇〇円の高給で招聘された。工場は久保田鉄工所本工場の一部が充てられ、一九二〇年一一月から市販された。販売は、東京地区は梁瀬《やなせ》自動車、大阪地区は久保田鉄工所が担当した。同年末には南恩加島町の埋立地二千余坪に新工場三棟が建設された。

ゴーハムは、試作に先立ってアメリカ人技術者を招聘し、新工場の建築技師二名も来日した。一九二〇年末の新工場の陣容は設備工作機械九二台（その多くは篤次郎が権四郎と一緒に前年に渡米して買い付けたもの）、職員二五名、工員一二五名であった。自動車生産に熟達した技能者がいないため、大阪砲兵工廠や造船所から技術者一三名が雇い入れられた。しかし三輪自動車は転倒しやすく、一九二一年一一月には前輪を二輪にして四輪車に切り替えられた。[22]

権四郎から「お前がつくった実用自動車は赤字ばかり出している、実用自動車へ行ってあと始末をしろ、ときびしく命令され」た篤次郎は、一九二一年七月から経営立て直しに邁進することになった。[23] しかしゴルハム式三輪、四輪車の生産規模は翌年までに二五〇台、その後の「リラー号」が一九二三、二四年で二五〇台であった。[24] リラー号の価格が一七五五円、輸入車のフォード、シボレーが二四〇〇円であったことを考えると割高感は否めず、実用自動車製造の将来は厳しかった。

一九二四年に、権四郎は「過去四ヶ年間数拾万円ノ研究費ト犠牲トヲ払ヒ漸ク純我国産ニシテ而《し》カモ我邦民度国状ニ沿ヒ我邦ノ如キ狭溢《ママ》ナル道路ニ適合スル小型自動車ノ製造ヲ開始シ理想的ノリラー小型自動車ヲ市場ニ提供致居候」、「完備セル工場設備ヲ有スルガ故ニ一朝有事ノ際ト《ママ》直チニ御用ニモ相立ツ事ト存ジ今日迄全ク営利ヲ度外視シテ此国家的事業ノ遂行ニ努力致来リ候」とした上で、しかしこのままでは経営を維持することは困難なため、自動自転車（オートバイ）と同一の取り扱いをしてほしい、運転手免許も簡単な乙種にしてほしい、道路通行制限から除外してほしいといった希望を内務省に提出した。[25]

権四郎、篤次郎父子の懸命の努力にもかかわらず、実用自動車製造の経営は好転せず、ゴーハムも一九二一年夏に、鮎川義介の招きで戸畑鋳物に移り、そこで漁業用農工用小型石油発動機の生産に尽力した。一方、東京でも自動車国産化に苦闘する株式会社快進社（橋本増治郎が創業）

があり、翌年から軍用保護自動車を生産したが、業績は改善せず、一九二五年にいったん解散して新たに合資会社ダット自動車商会（ダットの名称は、初期の快進社の資金協力者であった田健治郎［D］、青山禄郎［A］、竹内明太郎［T］三名の頭文字に由来する）として再発足した。

このダット自動車商会を実用自動車製造が買収するかたちで、一九二六（大正一五）年一二月にダット自動車製造株式会社（資本金四〇万五〇〇〇円）が設立され、権四郎が社長、篤次郎が専務取締役に就任した。ダット自動車製造は軍用自動車補助法の適用を受けられる貨物自動車の生産に注力し、一九二七〜三〇年の生産台数は三六二台に上った。一九三〇年一〇月には水冷式・四気筒五〇〇ccの小型自動車を試作し、三一年からダットソン（ダットの息子＝DATSON）と命名して販売した。

一方、自動車生産の将来性を確信していた鮎川義介は、権四郎に資本参加を申し入れ、一九三一年六月にダット自動車製造は資本金を一〇〇万円に増資してこれに応じた。戸畑鋳物からは専務取締役の村上正輔が取締役として入社し、久保田からは権四郎の長男静一が戸畑鋳物の取締役に就任した。しかし、自動車製造事業の好転は期待できないと判断した権四郎は、同年八月に所有株式の一切を戸畑鋳物に譲渡して、一〇年以上にわたる自動車事業から撤退した。

戸畑鋳物の傘下に入ったダット自動車製造は、「ソン」は「損」に通じて面白くないとの理由から、一九三二年三月に、SONをSUN（太陽）に変更して、ダットサン（DATSUN）とした。続いて翌年三月に、石川島自動車製作所と合併して自動車工業（資本金三二〇万円、戦後にいすゞ自

ゴルハム式三輪自動車

ダットソンの構造明細書

動車となる）が発足する。

しかし、いったん自動車工業に帰属したダットサンの製造権は、旧ダット自動車製造の大阪工場を買収して自社の大阪工場とした戸畑鋳物にその後無償譲渡され、さらに三三年一二月にはその戸畑鋳物と日本産業の共同出資によって自動車製造株式会社（資本金一〇〇〇万円）が設立され、同社は翌三四年六月に、日産自動車と改称した。

なお鮎川の命で日産自動車の設備機械調達のために渡米したのは浅原源七と篤次郎であり、篤次郎は日産自動車の常務取締役に就任した[26]。

**製品多角化の修正〈三〉農工用石油発動機の生産**

第一次世界大戦期に入ると、日本でも脱穀・籾摺・揚水用の動力源として農業における石油発動機の使用が始まった。久保田鉄工所でも一九二二（大正一一）年から農工用石油発動機の製造が開始された。篤次郎によると、前年に「私は親父に旋盤を作ることはやめなさいと進言しました。親父は、では何を作るかといいますから、農業用発動機がよいと答えました。ところが親父は言下に、百姓がそんな機械を使うものか、といって私はえらく叱られました[27]」という。

そうした久保田鉄工所が、農工用石油発動機の生産を開始したのは、酉島製作所のポンプ販売店でゼット発動機の輸入代理店でもあった杉山商店からの打診に対して、大きな打撃を受けた機械部門の立て直しを模索していた権四郎が応じたためであり、丸中新一技師らの努力が実って、

農工用石油発動機

一九二三年四月から農工用石油発動機A型三馬力が同商店を通じて発売された。

一九二〇年代半ばでも「農業用小型発動機ハ近年国産品大イニ発達シ優秀ナル製品ノ市場ニ顕ル、モノ頗多ク価格モ亦輸入品ニ比シ頗廉ナルガ商人ハ唯外品ナルガ故ニ優良ナリトノ宣伝ヲ以テ之ニ対抗シ需要者亦屢《しばしば》之ニ傾キナホ盛ナル輸入ヲ見ツ、アリ[28]」といった状況であったが、一方で灌漑ポンプ用、籾摺機の動力源として久保田製石油発動機の売れ行きは好調で、一九二五年頃から五馬力、七・五馬力、一〇馬力と販売機種を増加させた。

さらに久保田鉄工所は、一九二七（昭和二）年にはドイツのボッシュ社製マグネトとプラグを使用した三～五馬力の漁船用エンジンを開発して販路を漁業用にも拡大した。

当時、石油発動機の主要メーカーとしては門田鉄工所、戸畑鋳物、池貝鉄工所、山岡発動機工作所、新潟鉄工所などがあったが、一九二五（大正一四）年九月に実施された農林省主催の農業用小型発動機比較審査において、出品された内外製品七六台（国産四二台、外国製三四台）の中で、「クボタ石油発動機」は表6にあるように「優良」と認定された一九台（国産一三台、外国製六台）に含まれた(29)。

本審査は、出品発動機が農業用に適するかどうかを概括的に審査する第一次審査と、第一次審査をパスしたものの中から「優良」を選出する第二次審査、出品発動機の製作工場の設備などを審査する最終審査の三段階に分かれた。

「優良」と認定されたのは一九台であったが、「之に等級を附せず一括して優良品となしたる所に審査員の苦心が存する、蓋し本比較審査は最も権威あるものであつて、最近農業動力化の傾向に対し小型発動機が雨後の筍の如く市場に現はれ、加うるに幾多の外国品が輸入せられて、其販売戦は、目まぐるしき混戦状態を呈して居る為め」、どれが適切な製品かを需要者に指し示すことが、審査の目的であったからである(30)。

一九二六年に、片岡帝一は「外国品に優る真に本邦の国情に合致した本機」とクボタ発動機に対する自信のほどを示し、高品質を生み出した要因として「鋳造業は多年の研究と経験と完備せる設備と優秀なる技術」、さらに「工作法は大量生産法に則りlimit gauge systemを採用しgauge及びjig並に精密なる各種工作機械の完備と相俟つて各分部《ママ》品の互換性を確保し主要部には研磨仕上を施し」たことを強調した。

## 表6　優良発動機一覧

| 発動機の名称 | 呼称馬力 | 価格(円) | 出品者氏名 |
|---|---|---|---|
| クボタ石油発動機 | 3.5 | 430 | 久保田鉄工所（大阪市） |
| 〃 | 2.5 | 325 | 〃 |
| カドタ石油発動機 | 4.5 | 500 | 門田鉄工所（東京府） |
| 〃 | 2.5 | 380 | 〃 |
| トバタ農工用石油発動機 | 4 | 480 | 戸畑鋳物（株）（戸畑市） |
| 〃 | 2 | 330 | 〃 |
| インターナショナル石油発動機 | 3 | 494 | （資）泰明商会（東京市） |
| 〃 | 1.5 | 332.5 | 〃 |
| ヤンマー石油発動機 | 3.5 | 450 | 山岡発動機工作所（大阪市） |
| 池貝式H型農工業用石油発動機 | 3 | 450 | （株）池貝鉄工所（東京市） |
| オットー小型石油発動機 | 4.5 | 700 | 明神商店（東京市） |
| 馬場式石油発動機 | 2 | 300 | 馬場常二（岡山市） |
| 超ヂーゼル小型発動機 | 2 | 340 | 発動機製造（株）（大阪市） |
| トキワ石油発動機 | 2.5 | 350 | 双益商会（大阪市） |
| W型小型石油発動機 | 3.5 | 380 | （株）渡邊鉄工所（福岡県） |
| 渡邊式小型石油発動機 | 3 | 420 | 渡邊発動機製造（株）（東京市） |
| ゼット石油発動機 | 3 | 550 | セール、フレザー(株)（東京市） |
| ウキツテ石油発動機 | 3 | 500 | 和田巌（神戸市） |
| アルフア石油発動機 | 2.5 | 440 | 日米動力農具（株）（東京府） |

［出典］　農林省農務局［1926］、『優良農用器具機械ニ関スル調査』（同局）1～3ページ。

ただし片岡は「内外品を通じ優良なりと認められたるもの十九台の内第一位を以て推奨を受くるの光栄を得た」と述べているが[31]、これは正しくない。前述のように比較審査では「等級を附せず一括して優良品となしたる所」がポイントであり、クボタ発動機が一九台のリストの中で最初に記されたのは事実であるが、これは第一位を意味していたわけではなかった。

互換性生産の意義を指摘する片岡の言葉からもうかがえるように、久保田の高性能石油発動機の開発・生産を支えた条件として自動車生産の技術蓄積があった[32]。実用自動車製造の南恩加島の工場は高度な鋳造技術を有しており、久保田鉄工所は同工場を特殊鋳鉄製のシリンダーライナーやヘッドなどの重要部品の下請工場として活用した。久保田にとって挫折した自動車生産の経験が石油発動機生産を支えたのである。

また、リミットゲージシステムによる互換性生産の実施にみられるように、久保田鉄工所は部品量産についても経験を積んでいた。さらにA型発動機を開発した後、次期のB型発動機の開発に際して試作機が完成すると、船出町工場・第一工場長の片岡帝一みずからが農事試験場に出向いて製品の改良・修正作業に参加した。

この農事試験場技師の支援を受けて開発されたB型発動機はA型を上回る評価を獲得し、「クボタ」ブランドの確立に大きく貢献した。一九二〇年代後半にも「原動機中海陸用小型石油発動機ノミハ順調ノ需要アリ、製造者ニ於テ見込生産ヲナシ在庫品ヲ準備セラル、」[33]といわれたように、小型発動機は当時の機械製品の中では織機などと並んで数少ない量産品であり、量産体制をいかに構築するかが大きな課題であった。実用自動車製造が自動車の量産体制を実現できたわけではないが、そこでの経験が小型発動機の生産に活かされたのである。

久保田の発動機生産台数は、一九二三年の二〇〇〜三〇〇台から二五年に二〇〇〇台強、二七（昭和二）年に八〇〇〇台弱まで急増した。[34] 発動機生産額は、二八年には二三七万円弱を記録するが、昭和農業恐慌が長引く三三年には、発動機生産を中心とする久保田鉄工所機械部の売上高は六九万円にとどまった。売上高の落ち込みは恐慌の影響だけでなく、中小規模工場の低価格品の参入による市場の混乱もあった。

一九三一年には、久保田製石油発動機は二馬力半が二四〇円、三馬力半が二九〇円であり、[35] **表6**にみる二六（大正一五）年価格と比較すると二馬力半で二六パーセント、三馬力半で三三パーセントも低下していた。不況下の大幅な価格低下は他社製品も同様であり、こうした中で大手三社（久保田鉄工所、戸畑鋳物、山岡発動機工作所）の間では鮎川義介の主導のもと企業合同が画策された。

しかしこの鮎川の構想に対して、岡山の中小工場が参加を拒否しただけでなく、山岡発動機工作所社長の山岡孫吉も合同に消極的であり、結局この構想は挫折する。

小型石油発動機からの撤退を決定した戸畑鋳物は、事業譲渡を山岡に持ちかけたところ、「山岡さんはうちのような町工場では、戸畑のエンジンを引き受けるだけの資力がないということで、体よく断わられました。それで鮎川さんは、競争相手の久保田権四郎さんに譲ることに肚をきめたのであります。そのときに、戸畑鋳物は石油エンジンを久保田に譲るかどうかについて、三日にわたる大会議を開きました」といった経緯をへて、トバタ印の営業権・製作権一切が久保田に譲渡された。[36]

「クボタ」ブランドの石油発動機は、大阪の杉山商店を全国総代理店としており、「トバタ」ブランドは従来通り三菱商事が取り扱った。[37]在阪メーカーの久保田鉄工所にとって、関東以北の三菱商事傘下の特約店七〇社が加わることの意義は大きく、久保田の供給能力、販売力は一挙に拡大した。一方、一九三四（昭和九）年一〇月現在で杉山商店の支店、出張所、販売店は全国で五〇〇カ所を超えており、強力な販売網を誇った。[38]

三菱商事のトバタ発動機取扱額は、一九三三年の五五万円から三八年の一六〇万円へと急増した。[39]なお発動機輸出については、トバタ発動機は三菱商事、クボタ発動機は三井物産が担当した。買収と同時に、戸畑鋳物の内燃機部長斎藤一郎以下の技術者と職工三十数名が久保田に移り、久保田の技術力はさらに強化された。

また一九三〇年代になると、発動機と作業機械のセット販売が展開されるようになる。発動機の全国総代理店である商社が作業機械を選択して、府県特約店に卸した。有名な例として、「籾摺機はキセキ、発動機はクボタ」といった井関農機の全自動籾摺機と久保田製発動機のセット販売があった。

## 製品多角化の修正〈四〉鋳造作業の技術革新

久保田鉄工所における機械生産の内容が大きく変化するのに対して、本業ともいうべき鋳鉄管の生産高は、前掲の**図1**にあるように、一九二〇年代に入ると拡大傾向に転じ、一九二三（大正一二）年には第一次世界大戦前のピーク値四万トンを上回り、その後も拡大を続けた。

水道敷設という公共事業に支えられた鋳鉄管製造は不況期に強く、第一次世界大戦期のような好況期には、原料高、実質需要の減退に悩まされる傾向があった。こうした中で若手技術者を指揮しながら、権四郎は鋳造作業の中で、効率化の遅れていた中子（芯型）と外型の成型作業の改善に取り組んだ。

一九二三年には、手作業の一〇～一五倍のスピードで、中子を機械的に造型する自動製芯機が開発され、翌年には品質の均質な外型を機械的に造型する空圧駆動の自動成型機が開発された。いずれも回転式鋳造装置と連動し、鉄管鋳造作業の生産性を飛躍的に向上させる高性能機械であり、この機械の導入によって新規参入した他社は鉄管製造の継続を断念するにいたったという。

これらの機械はいずれも特許を取得した。

『株式会社久保田鉄工所創業五十周年記念祝典誌・満洲久保田鋳鉄管株式会社創立五周年記念誌』には「久保田社長の発明考案にかゝる特許の数々」として、「回転式鋳鉄管鋳造装置」（一九〇八年七月九日特許取得）から「鉄管用耐酸接性《ママ》手材又ハ裏付材」（三八年一二月一六日特許取得）までの七〇件の特許が示されている。(40)

このうち「遠心力鋳造機ノ改良」（一九三四年一〇月一六日特許取得）は発明者・特許権者ともアメリカ人、「分岐栓取付方法」（三八年八月一五日特許取得）は発明者・特許権者とも川端駿吾（二四年九州帝国大学工学部冶金学科卒業、奥村電機商会をへて二九年に入社[41]）であり、六件は発明者が権四郎以外の人物であり、特許権者が権四郎であった。残りの六二件は発明者、特許権者ともに権四郎である。

六件とは具体的には（一）「脱稃機」（一九二六年九月七日特許取得、発明者は田中治郎・喜多喜房［福岡市］）、（二）「鋳鉄管芯土除去装置」（二八年一二月七日特許取得、発明者は片岡帝一）、（三）「鉄管鋳造用外型ノ乾燥装置」（二九年三月二日特許取得、発明者は片岡帝一）、（四）「内燃機関」（二九年一二月二日特許取得、発明者は金丸喜一）、（五）「鋳鉄砂落機械」（三四年二月一六日特許取得、発明者は片岡帝一）、（六）「鋳造機械」（三四年一〇月二六日特許取得、発明者は片岡帝一）であった[42]。

要するに、内外から購入した二件の技術を除けば、社内での権四郎以外の発明者は片岡帝一、金丸喜一、川端駿吾の三名にとどまった。権四郎が昭和期に入っても技術への関心を失っていなかったことは事実であるが、研究開発のプロセスにどこまで具体的に関与したかについて詳細はわからない。

また久保田鉄工所では、一九一九年から鉄管の金型鋳造の研究を開始していた。第一次世界大戦中に青島で捕虜となり、戦後大阪に住んでいたドイツ人鋳物技術者のストップサックを入社させ、恩加島工場の鋳物技師村上謙三との共同研究に従事させた。

ストップサックが退社した後も、村上は寿命の長い金型をつくるために、鋳物材質の研究に取り組み、試作研究の結果、高炭素・中珪素のフェライト鋳鉄が耐熱衝撃性に優れていることを発見した。一九二二年には耐熱鋳鉄を活用した節炭機(エコノマイザー)が製品化され、二七(昭和二)年には納入先の要望で自動給炭機が製作された。

久保田製の「撒布式自動給炭機」の三大特徴として「材料―特殊耐熱鋳物を主材とせる為普通品より三倍以上の耐久性あり、機構―特殊装置の管状火床にて自動的に燃滓を灰溜に運びカマへ無用、燃焼―自動強圧通風装置にて完全燃焼する故煤煙防止、燃料の大節減をなし得る」ことが指摘されたが[43]、ここでも特殊耐熱鋳物の使用といったように「鋳物の久保田」の優位性を存分に取り入れていた。

一方、一九二八年に鋳鉄管メーカーにとって重大な事態が出現した。九州の八幡市の水道計画が変更されて、市内配管が鋳鉄管から鋼管に切り替わったのである。この八幡市の輸入鋼管採用を契機に、各市において鋳鉄管と鋼管の比較研究が始まるが、価格面で鋼管は鋳鉄管の強力な競合製品となった。その中でも、特にヨーロッパで実績を有するドイツ製引抜鋼管が、日本市場に思い切った低価格で参入し、国産鋳鉄管メーカーと激しい受注競争を展開した。

例えば名古屋市の一九三〇年の水道拡張工事において、名古屋市はドイツのクルップ社、マンネスマン社、久保田鉄工所、栗本鉄工所の四社の競争入札を実施し、国産二社の鋳鉄管が一一五

撒布式自動給炭機

万円であったのに対し、ドイツ製鋼管は埋設費を合わせても国産製品よりも約四〇万円も安価であったため、ドイツ両社が落札する結果となった。

ところがこれに対して、商工省と内務省は国産奨励の観点から名古屋市に対して再考を促し、結局国産品が採用されることになった。しかしこの措置に対して「国産品奨励の名を以て斯くも自治体を圧迫するのはどう見ても本筋ではない。而して政府の斯様な算盤無視の行動が普遍化すれば、結局間接に産業の負担が殖え、その発展を阻害するのみならず、諸外国から報復行為に出られる危険を多分に持つて居る」[44]との批判が出された。

こうした事態に直面した久保田鉄工所では溶解原料の配合比率の研究、コークスの改良、キュポラの改造など行い、高抗張力の鋳鉄での鋳鉄管製作に見通しを得ることができたのは一九二九年末であった。

久保田鉄工所みずからが「昭和五年多年ノ研究実ヲ結ビテ高級鋳鉄管ノ製作成就スルニ及ビ鉄管、材質並ニ仕様ヲ殆ンド一変セシム[45]」と豪語した。田中勘七が開発を担当したこの鋳鉄管は当初、セミスチール管あるいは強力管と呼ばれたが、最終的には高級鋳鉄管と名づけられた。

久保田鉄工所は一九三〇年に、上水協議会に規格改正を申請し、高級鋳鉄管の規格が制定されたのは三三年であった。同年に田中勘七は「現在国内一ヶ年鋳鉄管の需要は約一〇万噸《トン》であるから普通鋳鉄管の代りに高級鋳鉄管を使用すれば良質の鉄管を使用し得るのみならず仮に重量減少率を二〇%とすれば年二万噸の銑鉄の消費を節約する事が出来る[46]」としていた。

一九三一年五月には「一両年前よりアメリカ、ドイツ、フランス等のスチールパイプ（鋼管）が我国に流入しその品質の強固なると大量購入の場合は鋳鉄管より低廉なる場合あり、漸次我国製鋳鉄管は外国品に圧倒される嫌ひがあるので鋳鉄管製造者たる栗本鉄工所、久保田鉄工所（以上大阪）、隅田川精鉄所（東京）では昨年来高級鋳鉄管なる鋼管代用品の生産を試み索引力耐熱衝撃に従来の品の二倍の力を有するものを市場に送り出し、辛うじて外国品の進出を防ぎつゝある実情」と報じられたが[47]、その後の高級鋳鉄管の品質向上によって、久保田鉄工所は、鋼管の攻勢をはね返すことができたのである。

隅田川精鉄所の外観

鉄管事業の拡大策として、一九二七（昭和二）年二月の株式会社隅田川精鉄所（資本金五〇万円）の買収があった。前掲**図1**にあるように当時鋳鉄管市場は拡大を続け、久保田鉄工所の経営の支柱であった。買収前の鋳鉄管全国シェアは久保田鉄工所四二パーセント、栗本鉄工所二七パーセント、隅田川精鉄所一六パーセント、釜石鉱山一五パーセントといわれ[48]、隅田川精鉄所を買収することで久保田は鋳鉄管市場において絶対的優位に立つことができた。

関東地方における生産拠点を確保するため、須山令三支配人が経営難に苦しんでいた隅田川精鉄所の買収工作を積極的に進め、八五万円の五年割賦で手に入れたのである。

買収時の思い出として、須山は「隅田川の工場を買収する時、九〇万円かで買収の話ができて、契約書を作るという事になって向こうへ行った。所が向こうで考課状の内容を見てから御主人が五万円引けと云われた。（中略）今になって五万や一〇万何ですかと、つい私も気が立っておったから云ったところ、なにッと云うて、恐い顔をされたから私もそのまま別れてしまった」と回顧している。

須山はのちに再度説明に行って、権四郎の了解を得たが、「私はその時よく謝りに行ったものだと自分で思いました」と言っている。[49]

隅田川精鉄所は、資本面では一〇〇パーセント久保田の傘下に入ったが、見積入札権を留保する営業上の理由から、吸収を避けて別会社として存続させた。従業員六〇〇人はそのまま引き継がれ、久保田から取締役として久保田藤造（権四郎次男）[50]、小田原大造、木村利亀太の三名、経理担当の牛尾栄次の合計四名が派遣された。経営立て直しの直接の指揮をとったのは、小田原常務取締役であった。

小田原は冶金の専門家ではなかったが、尼崎時代の一〇年間に「職長ぐらいは勤まる技術を身につけていた」[51]。小田原は「朝早く職長たちを集めて実際に砂（鋳物砂—引用者注）を手でにぎり固めてみて、よい混合のコツを教える。また溶解炉からとり出す湯（溶銑）の適温の見方を教えたり、炭素量、リン、硫黄《いおう》などの含有物が『湯の流れ』に与える影響を説明して原料の配合のコツを指導したり、朝から晩まで現場での技術指導が日課となったのである」。

また「鋳鉄管のように同じものを大量に製造する場合、賃金計算は一本につきいくらという請け負い制が普通である」のに、隅田川精鉄所では常用日給制であった。小田原がその理由をたずねるとかつては請負制であったが、能率が上がる度に経営者が請負単価を切り下げたため組合が怒り、日給制になったという。

請負制のほうが会社のためにも工員のためにもよいからといっても納得してくれない。そこで小田原は、銀行から銀貨を引き出してきて、工員が帰る際に請負成績を計算して「お前の組はきょうはこれだけ請け負いの能率が上がり、成績を上げたので常用日給のほかにこれだけ利益が出た」と説明して、その日の利益分を銀貨で握らせて帰すことにした。その結果、日々の仕事の成果が受け取る銀貨に反映されるため、能率は上がり、不良品も少なくなったという。

買収から三年後、隅田川精鉄所の生産性は大幅に向上し、当時業界一といわれた尼崎工場では、回転式鋳造機一基あたり日産一八〇本が標準であったのに対し、隅田川精鉄所では二五〇本を生産するなど、同工場は収益面でも久保田の中の模範工場に変貌した。

尼崎工場の労働問題を乗り切り、隅田川精鉄所を優良工場に蘇らせた小田原大造に対する権四郎の評価は高かった。後年「人を賞めない久保田権四郎をして『ウチの小田原は、経営の免許皆傳だ』と嘆賞せしめた」[52]という。

生産会社数が限定され、よく組織された鋳鉄管業界であったが、一九二八年一一月に、久保田鉄工所、栗本鉄工所、釜石鉱山（一九二四年に三井鉱山に経営権移譲）、隅田川精鉄所の大手四社で管友会が結成された。会費は生産一トンあたり二〇銭、事務所は住友銀行道頓堀支店ビル四階に置かれた。

管友会では、実作配分の打ち合わせ、数量の貸借調整が行われたが、釜石鉱山は一二インチ以上の大管については鋳造設備を持っておらず、実質的には久保田と栗本の協調が最大の仕事であったと思われる。もちろんこの時代には、独占禁止法も公正取引委員会も存在せず、他業種においてもカルテル全盛の時代であった[53]。逆にアウトサイダーにカルテル協定に従うことを命令できる強制カルテル規定と、カルテルが公益に反した場合その変更や取り消しを命ずることができる公益規定の両方を含む重要産業統制法が、一九三一年四月に制定され、政府はカルテルによる産業の「自主統制」の動きを支援した。

一九三〇年七月には、さらに進んで鋳鉄管販売合資会社が設立され、職員もそのまま引き継がれたため、管友会はその役割を終えた。鋳鉄管販売の設立に伴って、釜石鉱山が鋳鉄管生産を中止し、その見返りとして久保田鉄工所、栗本鉄工所、隅田川精鉄所の三社が使用する銑鉄の一定割合を釜石が供給することになった。

この契約をめぐって、銑鉄共同組合の理事会は紛糾するが、結局一九三〇年末に、前述の三社が購入する銑鉄の三割を釜石の自家使用扱いとすることが決まった[54]。また釜石の鋳鉄管工場の設備の減価償却に関しては、銑鉄販売数量に応じて久保田と栗本で分担することになった[55]。

鋳鉄管販売合資会社は、翌年に日本鋳鉄管合資会社に社名変更し、本店を大阪市西区の鉄鋼会館内に置いた。日本鋳鉄管設立の背景には「鋼材の低落によつて外国品が価格を引下げ内地製品に圧迫を加へ前途楽観を許さゞるものあり(中略)共同販売制度確立の急なるを認め[56]」といったような輸入鋼管に対する三社のよりいっそうの結束強化があった。

日本鋳鉄管に関して、大阪市水道部給水課は「之（日本鋳鉄管―引用者注）に全製品の一手販売をなさしむることにした。従つて今や水道鉄管は独占事業に近き現状である。大阪市の水道には専ら久保田並に栗本両鉄工所製品が或割合で納入されてゐる次第である」[57]として同社のシンジケート機能を説明していた。

もちろん日本鋳鉄管が鋳鉄管製品のすべてを統制していたわけではなく、ガス管、一部の水道鉄管、ケーブル管などは自由競争製品であった。[58]日本鋳鉄管はその後、数次の名称変更をへて、一九四四年八月に日本鋳鉄管統制株式会社となった。

## 製品多角化の修正〈六〉はかり生産の展開

権四郎は開業当初は看貫鋳物を手がけていたが、その後は鉄管、機械生産へと移行したため看貫鋳物の生産は中止していた。一方、メートル法への統一を打ち出した改正度量衡法が、一九二一（大正一〇）年四月に公布され、二四年七月に施行されたが、これに伴い重量単位が「貫」から「キログラム」に変わるため新しい台はかりが必要となった。

この点に注目した久保田鉄工所では、衡器部品の鋳造には自信があったものの、衡器そのものの製造には経験がなかったため、専門の設計技術者と職人を招いて試作を開始し、一九二四年八月に衡器製作免許を取得して、南区北高岸町の本工場で台はかりと上皿さおはかりの製造を開始した。

さらに、黒尾製鋼時代の兄弟弟子で友人でもあった佐川繁蔵から、みずからが経営する合資会社佐川製衡所の売却話を打診された権四郎は、この工場を約四〇名の従業員ごと引き継いで一九二五年に市岡工場とし、本社に衡器部を設置した。

また久保田鉄工所は中央度量衡検定所からの要請で、衡器規格部品の試作を一九二四年末に完成させ、二六年二月に衡器部品供給営業の登録を行なった上で全国の衡器メーカーに部品の供給を開始し、その全国シェアは過半に及んだ。続いて一九二七年からは、メートル法表示の規格衡器として、九種類の台はかりと五種類の上皿さおはかりを販売した。

こうした規格衡器や部品の需要増加に応じるために、久保田は一九二八年に、船出町工場（二六年に本工場を改称）内に衡器工場を増設し、それに伴って、市岡工場は排水管や異形管を鋳造する鋳物工場に変更された。

## 海外市場への進出

一九二九（昭和四）年に、久保田は蘭領東インドのスラバヤ市から鉄管八〇〇トンを受注した。技術的にも欧米製の鉄管と十分競争できると判断した権四郎は、この頃から東南アジアへの鉄管と石油発動機の輸出を本格的に検討し始め、翌年には海外市場開拓のために木村利亀太支配人と発動機担当の朝倉乗之輔を東南アジア各国に派遣した。

各地域とも農業機械化の動きは遅く、発動機販売の展望はあまりなかったが、鉄管についてはスラバヤ市水道工事の入札に参加し、オランダ商社リンデテビス・ストクビス社の協力を得て鉄管一万トンの大口受注に成功した。

オランダ鉄工相談所長・スラバヤ市水道部顧問技師ゼー・ヘケットの厳密な検査を受けた鋳鉄管一万トンが予定より半年早く一九三一年一二月に同市に完納された。ゼー・ヘケットは帰国に際して、「日本鉄工技術を非常に称賛し、ドイツに優るといひ、本国帰任後は各方面に紹介し、今後オランダ内で使用する鉄製品は全部日本に注文せしめる旨声明した」(59)。その後も小口であったが、蘭印を中心に東南アジア各国への鉄管輸出が続いた。

一九三二年二月の三宅総領事から芳澤謙吉外務大臣宛の報告によると、「昭和五年十二月中同様ノ入札ニ付三菱商事ヨリ『リンデテベス』カ下請ナル久保田ノ製品ニ対シ三井（物産―引用者注）カ栗本鉄工所製品ヲ以テ競争ヲ行ヒ来レル際本官及姉歯領事ノ斡旋ニ依リ三井ヲシテ手ヲ引カシメタル」ことがあったにもかかわらず、今回は久保田鉄工所が応札しているところに、三菱商事がスラバヤ支店を通じて隅田川《ママ》鉄工所製品の売り込みを図っているとの情報が「リンデテベス」支配人からもたらされた。

「今回ノ三菱ノ行動ハ了解ニ苦ム処ナルノミナラス同シ日本製品ニ付競争ヲ行ヒ価格ヲ崩スコトハ将来ノ日本商品売込ノ為甚タ面白カラス」というのが三宅総領事の考えであり、三菱商事スラバヤ支店に対して入札撤回を勧告したところ、拒絶されたというのが報告の内容であった(60)。

国内では協調していた久保田と栗本であったが、海外市場では、三井物産と三菱商事が代理して競争が展開されることもあったのである。また久保田の応札に対して隅田川精鉄所が割り込むというのは、両社の関係からして想像しがたいが、三菱商事と隅田川精鉄所との間に、何か特別の関係があったのかもしれない。

さらに金輸出再禁止後の円安を背景にして、久保田鉄工所は一九三二年八月に、オランダのロッテルダム・ガス会社からガス用鉄管三〇〇〇トンを受注し、翌年には、オランダのグロニンゲン市からも水道用鉄管二五〇〇トンを受注した。

「昭和七年一月金輸出禁止の直後、偶々《たまたま》白耳義《ベルギー》の一商人から和蘭本国グロニンゲン州政府引合の鋳鉄管一万瓲《トン》を引合つてきた。依つて三菱商事を通じて直ちに之に応じ、最低値迄漕ぎ付けたのであつたが、独逸の策動に妨げられ惜くも遂に成功しなかつた」といった後の受注であっただけに、今回の受注は「我重工業の為め痛快であつた」と評された[61]。

オランダや蘭領東インド向け鋳鉄管は、ドイツ規格にもとづき製造された。ドイツ規格は日本規格と比較して約一割管厚が薄く、形状・寸法ともに極めて厳格であった[62]。鉄管はその他ノルウェー、メキシコ、エジプトなどにも輸出されたが、一九三〇年代半ば以降になると、国際関係の悪化によって中断を余儀なくされた。鉄管輸出は工場の操業度向上には貢献したものの、輸出規格が国内規格と異なっただけでなく、低価格のため収益面での貢献は小さかった。

海外での権四郎（右）

## 権四郎の海外渡航と業界活動

権四郎は一九一九（大正八）年九〜一一月に篤次郎とともにカナダとアメリカに初の海外出張にでかけた。目的は先にみたように実用自動車製造の設備発注、ド・ラボー式特許の購入、アメリカ鋳物工業の視察であった。一九一六年に発明されたド・ラボー式金型遠心力鋳造による鉄管の試作がトロントで行われており、ド・ラボーに面会した権四郎は遠心力鋳造設備を直接確かめた上、「日本では特殊鋼が高いから考えものだという意見」[63]を持ちつつも、特許権を二五万円で購入した。

一九二一年にはド・ラボー式特許を活用するために栗本鉄工所と津田勝商店と共同で特許鋳鉄管合名会社を設立し、二三年には小口径とはいえ日本初の鉄管の遠心力鋳造に成功するものの、熱処理上の問題を解決できず市販にはいたらなかった。

ド・ラボー式金型遠心力鋳造による鉄管は画期的なものであった。しかし、「鉄の鋳型に向つて熔けた鋳鉄をいきなり打突けることになりますからその打突けられた所の熔鉄は先づその鋳型に当つた所から冷めて参ります、而《しか》もドラボーの方法では鋳型の外を水で冷やす事にして居りますから鋳型に接した所が一層早く冷める随つて表面の所が硬化する」という問題が生じ、そのために鉄管を再度熱する必要があったが、これを実用化するには様々な技術的課題があった。結局ド・ラボー式特許は「宝の持腐れ」となったのである。(64)

第二回目の海外渡航は一九二七（昭和二）年六〜一二月のイギリス、ドイツ、スイス、フランス、アメリカの五カ国訪問であり、田中勘七、小林義彦（仙台高等工業学校機械科を一〇年に卒業）(65)両技師が同行した。(66)

今回の目的は欧米諸国の先進的な鋳物・鉄管の鋳造技術の調査であったが、鋳物ではドイツのランツ社からパーライト鋳物の特許権を購入した。この技術はのちに、高級鋳鉄管やエンジン鋳物の開発に活用されることになる。

この時、権四郎は旧知の帝塚山学院長の庄野貞一（児童文学者の庄野英二、小説家の庄野潤三の父）とマンハイム郊外で偶然に出会った。その時の様子は以下のようであった。「人の居よう筈もない道端の水道鉄管の中から、首から肩先を見せて四つん這ひに這ひ出して来た一人に紳士があつた。（中略）『一体鉄管の中で何を研究なすつてゐました』『いえね、こゝを通りかゝつてふとこの鉄管が目につくとね、どうもよく出来てゐるのでそのまゝ立去りかねましてね』」といった会話を交わしたという。

権四郎は当時、帝塚山学院理事を務めており、庄野が外遊中であることは知っていたが、ここで会うとは二人で顔を見合わせたという。(67) 還暦近くなった権四郎の鉄管に取り組む姿勢を物語る有名なエピソードの一つである。

多くの役職に就いていた権四郎であるが、ここでは関税改正にかかわる行動と発言を取り上げてみたい。一九二五(大正一四)年八月に久保田権四郎、栗本勇之助、大阪特許鋳鉄管代表社員前島孫七、永瀬鉄工所主永瀬庄吉、隅田川精鉄所専務取締役清岡栄之助の五名は連名で「銑鉄ノ輸入関税ニ関スル陳情書」を関係各省に提出した。(68)

この陳情書の中で、権四郎らは鋳鉄管の工場渡価格(一トンあたり)を九五円、その生産費構成を(一)銑鉄費六一円三四銭(銑鉄五四円、溶解歩減七分・三円七八銭、仕上減一分五厘・八一銭、押湯・湯流その他二分一厘・一円一三銭、原料銑鉄に対する金利・一円六二銭)、(二)工賃一六円二〇銭、(三)消耗品費一一円三三銭、(四)工場諸掛費六円一三銭、したがって工場渡価格に占める銑鉄費の割合が六五パーセントであることを明らかにした。銑鉄関税の引き上げがいかに大きな影響を与えるかを訴え、反対を表明したのである。

さらに一九二四年度の銑鉄輸入高一九万五一五四トンの内訳は、ベンガル銑三万二四一〇トン、バーン銑五万八三五三トン、タタ銑七万四三九一トン、漢陽銑三万トンであり、その大半を鋳鉄管製造業が消費するとした。「抑々《そもそも》銑鉄ノ如キ国民必須品ノ主要原料ハ出来得ル限リ其税率ヲ引下ケ以テ一般物価ノ低下ヲ計ルコト国家経済ノ上ヨリ其必要ナルコト申ス迄モ無之儀ニ候」というのが鋳鉄管業者の希望であり、権四郎は銑鉄関税引き上げ反対運動の先頭に立ったのである。

一九二六年に銑鉄関税の引き上げは見送られ、代わって製銑企業には奨励金が交付されることになった。引き続き鉄鋼関税の引き上げに対して、権四郎と栗本勇之助は共同歩調をとった。

一九二八（昭和三）年一月一二日に大蔵省で開催された「鉄鋼関税引上反対ニ関スル陳情」において、まず栗本が「今回凡《あら》ユル実業団体ヤ組合―主トシテ鉄ト木材ニ関係アル―ヲ網羅シタ関税引上反対同盟会ナルモノガ出来マシタ」と発言した[69]。その後インド銑鉄価格が上昇した場合どう対応するのかとの問いに対して、権四郎は「印度銑ハ良イ製品ヲ造ル上ニ於テ、ドウシテモ必要デスカラ原料ノ騰貴ニ拘ラズ之レヲ混合スル必要アリ」と答え、また「内地銑ハ珪素ガ多ク満《マン》俺《ガン》ガ少イタメ製作上種々ノ不都合ヲ生ジ」としてインド銑鉄の重要性を強調した。

銑鉄の年間使用量に関する質問に対して、権四郎は「年々増加スル一方デスガ、私ノ所ト栗本サントデ十四、五万噸《トン》位使フデセヨウ、尤モ内地銑ト印度銑ト半々位ノ割合デス」と回答した。また「将来ハ内地市場ヲ当テニセズニ外国市場ニ供給スル方針デ居リマス。此点ニ付テハ質ノ上ニ於テモ又値段ノ上ニ於テモ必ズ外国品ヲ凌駕シ得ル自信ガアリマス故ニ此際原料ヲ高クスルヤウナ施設ハ以テノ外」というのが権四郎らの立場であった。

一九二六（大正一五）年の銑鉄関税の引き上げは見送られたものの、三二（昭和七）年には権四郎らの反対にかかわらず関税引き上げが実施され、新税率はトンあたり六円となった。当時の銑鉄輸入平均価格が約二四円であったことを考えれば、関税に奨励金トンあたり四円を加えれば、国内製銑メーカーに対する保護効果は相当大きかったといえる。[70]

（1）以下、久保田鉄工所［一九二二］、『久保田鉄工所概要及経歴書』（同所）による。
（2）以下、吉田寧「久保田鉄工所労働事情」大正一〇年一二月による。
（3）以下、大阪市役所社会部調査課編［一九二二］、『労働調査報告』第一一輯（同課）三一～三二ページによる。
（4）以下の記述は、前掲「久保田鉄工所労働事情」による。
（5）以下、「久保田鉄工所に怠業発る」『大阪毎日新聞』一九一九年九月二二日・二三日（神戸大学附属図書館新聞記事文庫）による。
（6）『八時間』と『九時間』各工場で続々実施」『大阪朝日新聞』一九一九年一〇月二日（神戸大学附属図書館新聞記事文庫）。
（7）「職工側から冗員淘汰を願ふ」『大阪毎日新聞』一九二一年五月四日（神戸大学附属図書館新聞記事文庫）。
（8）「久保田鉄工所職工　会社発表の委員制度に憤慨し要求書を提出」『大阪朝日新聞』一九二一年七月八日（神戸大学附属図書館新聞記事文庫）。
（9）「工場協議員会規定」。前掲「久保田鉄工所労働事情」所収。
（10）「久保田鉄工所尼崎工場に工場委員会設置」『大阪毎日新聞』一九二一年九月一六日（神戸大学附属図書館新聞記事文庫）。

(11)以下、「委員選挙ニ就テノ心得」による。前掲「久保田鉄工所労働事情」所収。
(12)一九一一(明治四四)年尾道商業学校卒業(久保田鉄工所[一九五〇]、『社債発行目論見書』四ページ)。
(13)小田原大造[一九六二]、「私の履歴書」『私の履歴書』第一六集(日本経済新聞社)九三ページ。
(14)内務省社会局労働部が一九二八年一二月に発行した冊子『本邦に於ける団体交渉並に労働協約の概況』五四ページ所収。
(15)『日本社会運動通信』第五八号(日本社会運動通信社)五三ページの掲載記事「久保田鉄工所尼崎工場争議」による。同号は一八二九年七月八日発行。
(16)同前『日本社会運動通信』第六七号三六~三七ページの掲載記事「久保田鉄工所恩加島工場争議(大阪)」による。同号は一九二九年九月九日発行。
(17)以下、待遇研究会編[一九二七]、『使用人待遇内規集』(同会)三二〇~三二二ページによる。
(18)同前三三一~三三二ページ。
(19)平佐惟一編[一九二二]、『工作機械展覧会報告附録』(工作機械展覧会協賛会)一六~一八ページ。
(20)同前一九七ページ。
(21)沢井実[二〇一三]、『マザーマシンの夢―日本工作機械工業史―』(名古屋大学出版会)五四ページ。
(22)以上、後藤敬義[一九七五]、「ダットサンの量産化と技術革新」社団法人自動車工業振興会編『日本自動車工業口述記録集』自動車史料シリーズ(二)七四~七五ページによる。
(23)久保田篤次郎[一九七五]、「ゴルハム式三輪車からダットサンまで」同前『日本自動車工業口述記録集』六四ページ。
(24)呂寅満[二〇一一]、『日本自動車工業史―小型車と大衆車による二つの道程』(東京大学出版会)一九一ページ。
(25)久保田権四郎「リラー小型自動車ニ対シ特別御取扱ニ関スル御願」大正一三年(アジア歴史資料センタ

ー、Ref. A05032272200、国立公文書館)。

(26) 以上、前掲久保田篤次郎論文〔一九七五〕、六六〜六八ページ、及び浅原源七〔一九七五〕、「日産自動車史話」前掲『日本自動車工業口述記録集』一〇五〜一〇六ページによる。

(27) 前掲久保田篤次郎論文〔一九七五〕、六四ページ。

(28) 大阪府内務部工務課〔一九二五〕、『国産品奨励ニ関スル調査』(同課)一ページ。

(29) 農林省農務局〔一九二六〕、『優良農用器具機械ニ関スル調査』(同局)一ページ。

(30) 以上、『ENGINEERING』第一四巻第二号(エンヂニアリング社)六八ページ掲載記事「農林省に於ける小型発動機比較審査成績」による。同号は一九二六年二月発行。

(31) 片岡帝一〔一九二六〕、「小型クボタ石油発動機に就て」同前『ENGINEERING』第一四巻第三号九二〜九三ページ。

(32) 以下、岡部桂史〔二〇〇三〕、「戦間期農業機械工業の展開」『経営史学』第三八巻第一号(経営史学会)二八〜二九ページによる。

(33) 大阪府内務部編〔一九二七〕、『大阪府主要工業概況』(同部)六二ページ。

(34) 以下、前掲岡部論文〔二〇〇三〕、二九〜三〇ページによる。

(35) 大日本農会編〔一九三四〕、『優良農用器具機械ニ関スル調査』(同会)一四ページ。

(36) 日本自動車工業振興会編〔一九七三〕、『日本自動車工業史座談会記録集』自動車史料シリーズ(一)五七〜五八ページ所収の「第三回座談会　自動車工業よもやま話」での浅原源七の発言。

(37) 以下、前掲岡部論文〔二〇〇三〕、三〇、四三ページによる。

(38) 「トバタ発動機特約店」『日刊工業新聞』一九三四年一〇月一〇日。

(39) 岡部桂史〔二〇一〇〕、「久保田鉄工所と三菱商事―一九三〇年代を中心として―」『名城大学総合研究所紀要』第一五号(名城大学総合研究所)七七ページ。

(40)竹下百馬・猪股昌孝編［一九四一］、『株式会社久保田鉄工所創業五十周年記念祝典誌（・満洲久保田鋳鉄管株式会社創立五周年記念誌）』（久保田鉄工所総務部文書課）四八〜四九ページ及び特許明細書。

(41)「主タル技術者氏名経歴」（『株式会社久保田鉄工所機械部』所収、昭和八年、アジア歴史資料センター、Ref. C05023225800、防衛省防衛研究所）。

(42)以上、特許明細書より確認。

(43)『発明』第三四巻第五号（発明協会）四八ページ掲載記事「石炭節約に貢献する久保田鉄工所」による。同号は一九三七年五月発行。

(44)「国産奨励の甚しいはき違い」『読売新聞』一九三〇年一〇月二五日。

(45)久保田鉄工所［一九三五］、「当社ノ経歴」『久保田高級鋳鉄管』（同所）所収。

(46)田中勘七［一九三三］、「鋳鉄管材質の向上の実績に就て」『鉄と鋼』第一九巻第三号（日本鉄鋼協会）一六九ページ。

(47)「水道鋳鉄管の共販計画具体化」『中外商業新報』一九三一年五月二九日（神戸大学附属図書館新聞記事文庫）。

(48)久保田鉄工編［一九七〇］、『久保田鉄工八十年の歩み』（同社）九二ページ。本書図1では一九二六年の久保田のシェアは五五パーセントとなっているが、その差異については不明。

(49)同前九四ページ。

(50)一九二一（大正一〇）年三月早稲田大学卒業、同年六月久保田鉄工所入所（前掲『社債発行目論見書』四ページ）。

(51)以下、前掲『私の履歴書』一〇三〜一〇五ページによる。

(52)『新経済』第一〇巻第三号（新経済社）一二ページ掲載記事「肉のシマッタ深海魚　小田原大造」による。同号は一九五〇年二月二五日発行。

(53) 主要産業におけるカルテルの活動状況については、橋本寿朗・武田晴人〔一九八五〕、『両大戦間期日本のカルテル』(御茶の水書房) 参照。
(54) 以上、岡崎哲二〔一九九三〕、『日本の工業化と鉄鋼産業—経済発展の比較制度分析—』(東京大学出版会) 一七六ページによる。
(55) 久保田鉄工所編〔一九五一〕、『日本に於ける鋳鉄管事業発達史』(社内資料) 五七ページ。
(56) 前掲「水道鋳鉄管の共販計画具体化」『中外商業新報』一九三一年五月二九日。
(57) 大阪市水道部給水課〔一九三四〕、「大阪市水道用鋳鉄管の今昔」『水道協会雑誌』第一三号 (日本水道協会) 一〇～一一ページ。
(58) 「遠心式鋳造法で鋳鉄管製造工業化」『日刊工業新聞』一九三四年八月三日。
(59) 「スラバヤからの鉄管注文完納 久保田鉄工所」『大阪毎日新聞』一九三一年一二月二七日 (神戸大学附属図書館新聞記事文庫)。
(60) 以上、三宅総領事発芳澤外務大臣宛報告、昭和七年二月 (アジア歴史資料センター、Ref. B09041822200、外務省外交史料館) による。
(61) 小林義彦〔一九三四〕、「高級鋳鉄管二万噸メキコシ《ママ》へ」『工業日本』第二巻第四号 (工業日本社) 九九ページ。
(62) 前掲『日本に於ける鋳鉄管事業発達史』五九ページ。
(63) 前掲久保田篤次郎論文〔一九七五〕、六三ページ。
(64) 大井清一〔一九四二〕、「今後の鉄管に就て」水道協会中国四国支部編『水道協会第十一回中国四国支部会議事録』六八ページ。
(65) 日刊工業新聞社編〔一九三四〕、『日本技術家総覧』昭和九年版 (同社) 四七七ページ。なお小林義彦の一九三四年の勤務先は日本鋳鉄管合資会社 (大阪) であった。

(66) 挾間祐行［一九四〇］、『此の人を見よ―久保田権四郎伝―』（山海堂出版部）一五三ページ。
(67) 同前一五九～一六二ページ。
(68) 以下、「銑鉄ノ輸入関税ニ関スル陳情書」大正一四年八月（アジア歴史資料センター、Ref. B12083137100、外務省外交史料館）による。
(69) 以下、大阪鉄工業同業組合『鉄鋼関税引上反対陳情の概要』昭和三年一月一二日（アジア歴史資料センター、Ref. A08071606200、国立公文書館）による。
(70) 奈倉文二［一九八四］、『日本鉄鋼業史の研究―一九一〇年代から一九三〇年代前半の構造的特質―』（近藤出版社）五二六ページ。

# VI 大陸への進出

## 満洲進出の決断

一九三一（昭和六）年九月の満洲事変の勃発、三二年三月の満洲国成立と、一九三〇年代に入ると東アジアの情勢は大きく変化していった。

大阪工業会は、一九三二年一月一四日の常議員会貿易委員会連合会において、貿易委員長栗本勇之助提案の満蒙視察団派遣を満場一致で決議した。(1) 二五名の団員で構成された満蒙視察団は、同年四月三日神戸港を発ち、同月二三日に帰阪した。

権四郎もこの満蒙視察団（団長は栗本勇之助）に参加し、関税政策、電力供給の現状、社会施設、生活費問題、農商工その他移民問題などの担当テーマを調査した。

満蒙視察から帰阪した権四郎は『工業評論』に「満洲はパイプから」と題する小文を寄せてい

る。「自分は満洲の黎明はパイプからと云いたい、文明の開発と文化の向上には給水設備と排水設備が設備の先陣と信ずる、されば満蒙新王国についても今後人口の増加と市街の発展に伴ひ、上水道下水道設備の必要に迫られることになる、しかも鋳鉄管の原料である銑鉄も地元で豊富且つ有利に給供《ママ》を受け得られる許《ばか》りか、低廉な労銀の支那従業員により益々生産コストの低下を望み得るから、本邦鉄工製品の海外進出も頗る有利な立場に置かれることになる、ゆえに満蒙のみの需要に応ずる許りではなく南洋ジャバ、スマトラ、ヒリツブン《ママ》方面に於ける市場の獲得にも列国製品との競争上充分に太刀打ちできることになる」[2]とあるように満洲進出が地元需要を満たすだけでなく、原料と労働力の低廉さと相俟って東南アジア輸出をも展望できるというのが権四郎の主張であった。

満洲では大連機械製作所が立吹法で鉄管を生産していたが、需要に追いつかず、久保田鉄工所も満洲向けに大量に輸出していた。関東軍は満洲国内の自給化を意図して、昭和製鋼所に鉄管製造を命じたものの、経験のない同社は、久保田鉄工所を推薦し、土地の提供まで約束した。

一方、新水源地設置や沿線開発計画を抱えた南満洲鉄道（満鉄）からも、久保田に対して現地での鉄管工場新設の要請があった。こうした情勢の下、権四郎は国策協力と満洲市場の将来性に注目して、満洲進出を決断した。

### 満洲久保田鋳鉄管の設立

一九三五（昭和一〇）年一二月に、大連機械製作所（大機）と合弁で満洲久保田鋳鉄管株式会社（資本金一〇〇万円、社長は久保田権四郎、本店は大連、工場は鞍山）が設立された。出資比率は大連機械製作所が三分の一、久保田鉄工所が三分の二であった。

大連機械製作所からは、森川荘吉専務が大機を代表して常務取締役として転出した。大機が久保田鉄工所との合弁を決断した背景には遠心力鋳造法の出現があり、大機はこの新技術に挑戦するよりも車輛メーカーとしての内実を固めることを選択した。[3]

なお満洲久保田鋳鉄管の経営幹部は、森川以外では、市川重三郎常務取締役・工場長、井澤一助支配人、松浦恒蔵事務部長、斎藤日露英製作部長、宇佐美盛志大連営業部主任らであった。[4] 満洲久保田鋳鉄管の鞍山工場の建設には川端駿吾と河井貞一があたり、施工は銭高組であった。[5]

一九三〇年代半ばには、満洲久保田鋳鉄管を含めて鞍山の昭和製鋼所（一九二九年七月に南満洲鉄道鞍山製鉄所が分離独立）のまわりには、同製鋼所から原材料の供給を受けつつ事業展開する「鞍山重工業ブロック」が形成されつつあった。

「ブロック構成分子は資本金一千万円以下十万円以上の会社工場が十数社に及びその他三万五万或はそれ以下の小鉄工所等を加ふれば優に三十近くにも及ぶ」といわれたが、その代表的なものは以下の通りであった。[6] 昭和製鋼所（資本金一億円、払込資本金八二〇〇万円）、満洲住友鋼管（一〇〇〇万円、二五〇万円）、満洲ロール製作所（三〇〇万円、三〇〇万円）、鞍山鋼材（五〇〇万円、一七五万円）、満洲鋳鋼所（五〇〇万円、一二五万円）、日満鋼管（五〇〇万円、一二五万円）、満洲

久保田鋳鉄管（一〇〇万円、一〇〇万円）、満洲亜鉛鍍金（一〇〇万円、二五万円）、満洲鋳鉄（二〇万円、七万円）、井口洋行（一〇万円、二万五〇〇〇円）、関東州小野田セメント（五〇〇万円、一二五万円）。

「鞍山重工業ブロック」の形成には、一九三四年設立の満洲住友鋼管の役割が大きかったが、満洲久保田鋳鉄管も重要な構成要素であった。

日本国内の鉄管製造法は権四郎が開発した立吹回転式鋳造法であったが、一九三三年に川端駿吾を遠心力鋳造技術の研究のために欧米諸国に派遣し[7]、翌年にアメリカン・キャストアイアン・パイプ社から「砂型法」、ユナイテッド・ステイツ・パイプ社から「金型法」の特許をそれぞれ購入して、遠心力鋳造法導入の準備を進めていた久保田鉄工所では[8]、国内に先駆けて新設の満洲久保田鋳鉄管の鞍山工場に砂型遠心力鋳造法を導入することを決定した。

ド・ラボー式特許の技術的課題を克服した砂型遠心力鋳造法では「今迄の鉄管の鋳造に用ひまする砂型あれをこの鉄の鋳型の内面につけることにしたのであります、斯くの如くにして遠心力の方法で鋳造致しまするると熔鉄がいきなり鉄の鋳型に打突からずに砂に当ることになりまするからその出来上りましたものが今迄の鋳鉄管と同じやうな状態に出来る」ことになったのである[9]。

京都帝国大学名誉教授の大井清一は、この砂型遠心力鋳造法をさらに改良して「世界始めての立派なものを完成したのであります、これは久保田鉄工所の久保田社長と同社田中常務両氏の多年に亘る研究と苦心の結果達せられたもの」として権四郎らの努力を称えた。

一九三六年六月に、満洲久保田鋳鉄管鞍山工場ではまず中口径の砂型遠心力工場が完成し、四メートルの直管を生産した。同工場ではほとんどの主要原料（銑鉄、スクラップ、石灰石、コークス）を昭和製鋼所に依存し、販売は直接納入を除いて関東州は三井物産、満洲国は三菱商事が担当した。

鞍山工場はその後も規模を拡大し、一九四〇年に武庫川工場が完成するまで最新鋭の鉄管量産工場であり、最盛期の四三年当時の満洲久保田鋳鉄管の資本金は五〇〇〇万円（全額払い込み済み）、従業員は一二〇〇人（うち日本人は一五〇人）に達した。

一九四〇年一〇月九日に満洲久保田鋳鉄管の創立五周年記念式典が開催され、挨拶に立った権四郎は「不肖私は真に貧乏の家に生まれましたので、固《もと》より商売の資本もありませず自分で働いて自分で貯め、漸く百円を以て明治二三年二一歳の時、大阪にさゝやかなる鉄工業を開始致し、茲に生涯の第一歩を踏出したのであります」としてみずからの道のりを振り返り、その後で遠心力鋳造法の技術的優位性を説明した。[10]

遠心力鋳鉄管のカタログ

日中戦争期に入ると、軍部の要請によって、久保田は中国大陸で二つの工場建設を計画し

た。一九三八年六月に申請した天津工場は鉄管、農工用発動機、同年一二月に申請した上海工場は鉄管製造を目的としたが、両計画とも難航し、三九年に入ると北支方面軍、北支那開発株式会社、中支那振興株式会社などから天津工場に代わって北京に鉄管工場を建設するよう要請があった。

一九三九年一一月から北京市近郊の北京工場（内田吾郎工場長）[11]の建設に着手し、尼崎工場の設備を一部移設して翌四〇年一〇月から生産を開始した。先の天津工場と上海工場の建設計画は結局実現することはなかった。

なお戦後満洲久保田鋳鉄管の岩永製造課長をはじめとする技術者たちは留用され、中国において鋳造法の指導を行なった。彼らが帰国するのは一九五三年のことであった。[12]

（1）以下、浅田敏章編［一九六四］、『大阪工業会五十年史』（大阪工業会）二四八〜二五二ページによる。
（2）久保田権四郎［一九三二］、「満洲はパイプから」『工業評論』第一八巻第七号（工業評論社）一一ページ。
（3）相田秀方［一九五七］、『大機物語』（大徳商事）一〇四〜一〇五ページ。
（4）満洲日日新聞社編［一九三八］、『新編満洲職員録』（同社）四九ページ。
（5）藤田賢二［二〇一一］、『満洲に楽土を築いた人たち—上下水道技術者の事績—』（日本水道新聞社）二二七ページ。
（6）以下、「重工業ブロック　昭和製鋼所を中心に」『満洲日日新聞』一九三六年九月五日による。
（7）『金属』第二一巻第一二号（アグネ出版社）八〇六ページ掲載記事「遠心力鋳造法による鋳鉄管の製造」による。同号は一九五一年一二月一日発行。

（8）ただし一九三四年の金型遠心力鋳造法特許の契約主体は隅田川精鉄所。

（9）以下、大井清一［一九四二］、「今後の鉄管に就て」（水道協会中国四国支部編『水道協会第十一回中国四国支部会議事録』）六八〜七〇ページによる。

（10）竹下百馬・猪股昌孝編［一九四一］、「御挨拶 社長 久保田権四郎」『(株式会社久保田鉄工所創業五十周年記念祝典誌・) 満洲久保田鋳鉄管株式会社創立五周年記念誌』（久保田鉄工所総務部文書課）二ページ。

（11）北京日本商工会議所編［一九四三］、『北京邦人工場名簿』（同所）一ページ。

（12）前掲『満洲に楽土を築いた人たち―上下水道技術者の事績―』二二九ページ。

# Ⅶ　同族経営からの脱皮

## 株式会社化と株式公開

一九三〇（昭和五）年一二月に、個人経営の久保田鉄工所は、株式会社久保田鉄工所（資本金四五〇万円）と株式会社久保田鉄工所機械部（資本金一五〇万円）に改組された。その後の一九三七年三月に、久保田鉄工所が久保田鉄工所機械部を合併するかたちで、新たに久保田鉄工所（資本金七〇〇万円）[1]が誕生し、翌四月には三〇〇万円を増資して一〇〇〇万円となった。

一九三〇年の時点で、なぜ二つの株式会社に分かれて法人化したのかについて、『久保田鉄工八十年の歩み』は「その間の経緯を物語る何んの記録も無く、この枢機に参画したと推量される当時の幹部も、既に故人となった現在では全くわからない。おそらくは税金対策として、と云うことも考えられるし、またその当時の機械部門は、週のうち二日くらいは休業を余儀なくされる不況期だったから、特に鋳物や鉄管の部門とは別個の会社とし、経理上の分割を計ることが得策だとされたのかも知れない、などと想像されるだけである」[2]としている。

一方、一九三〇年当時、隅田川精鉄所の経理部長を務めていた牛尾栄次は、「昭和五年に株式会社になった。個人経営ですと税金が大変ですから」[3]と回顧し、株式会社化の理由を節税対策としている。

**表7**にあるように、株式会社久保田鉄工所の株主は二二名、株式会社久保田鉄工所機械部の場合は二四名であったが、株式のほとんどは久保田一族で所有されていた。株式会社化されたとはいえ、実態はそれまでと変わらず権四郎を頂点とする同族会社そのものであった。

権四郎自身、後に公の席で「昭和五年株式会社に組織変更を致しましたが、実体は依然私一族の会社に過ぎませんでした」[4]と述べている。権四郎は従来通り社内では「御主人」と呼ばれ、専務・常務などの役付取締役は置かれなかった。営業部と工場はいずれかの会社に属したが、経理部・庶務部が両社を兼務し、その経費は三対一の資本金比率で配分された。

二社分立の背景には、昭和恐慌下で極度の不振に喘ぐ機械部門を切り離し、独立採算制の徹底によって隅田川精鉄所を含めた三社を競争させ、貸借対照表の公示義務のある株式会社形態を採用することで経営責任の所在をより明確化しようとする権四郎の意図が働いていたものと推測される。

一九三三年四月には、小田原大造の懇請にもかかわらず、牛尾栄次が権四郎の判断で本店に呼

**表 7　(株)久保田鉄工所と (株)久保田鉄工所機械部の株主**

| 株式会社久保田鉄工所 | |
|---|---|
| 氏名 | 株数 |
| 久保田権四郎 | 79,740 |
| 久保田信博 | 2,500 |
| 久保田真一 | 1,000 |
| 久保田末忠 | 1,000 |
| 久保田千代子 | 1,000 |
| 久保田博子 | 1,000 |
| 久保田静一 | 500 |
| 久保田篤次郎 | 500 |
| 久保田藤造 | 500 |
| 須山令三 | 500 |
| 五島俊吉 | 500 |
| 久保田キミ | 300 |
| 久保田静江 | 300 |
| 田中勘七 | 200 |
| 大出利市 | 140 |
| 大出政一 | 70 |
| 金丸喜一 | 50 |
| 大出茂平 | 40 |
| 大出利夫 | 40 |
| 大出国一 | 40 |
| 五島伊作 | 40 |
| 麓勝三郎 | 40 |
| 合計 | 90,000 |

| 株式会社久保田鉄工所機械部 | |
|---|---|
| 氏名 | 株数 |
| 久保田権四郎 | 21,200 |
| 久保田信博 | 1,500 |
| 久保田静江 | 1,100 |
| 久保田千鶴子 | 900 |
| 久保田静一 | 700 |
| 久保田篤次郎 | 500 |
| 久保田藤造 | 500 |
| 木村利亀太 | 500 |
| 久保田真一 | 500 |
| 久保田末忠 | 500 |
| 久保田千代子 | 500 |
| 久保田博子 | 500 |
| 久保田キミ | 300 |
| 須山令三 | 200 |
| 片岡帝一 | 200 |
| 金丸喜一 | 150 |
| 五島俊吉 | 60 |
| 大出利市 | 60 |
| 大出政一 | 30 |
| 大出茂平 | 20 |
| 大出利夫 | 20 |
| 大出国一 | 20 |
| 五島伊作 | 20 |
| 麓勝三郎 | 20 |
| 合計 | 30,000 |

［出典］「株式会社久保田鉄工所機械部株主名簿」1932年 6 月末現在、及び久保田鉄工編［1970］、『久保田鉄工八十年の歩み』（同社）112ページ。

び戻されるが、牛尾の最初の仕事は「個人経営色から脱皮して真の株式会社になる為めの諸制度、規則等の制定」であり、牛尾は戸畑鋳物の専務取締役村上正輔の指導を受けることになった。[5]

株式会社化に関連して、ここで会社形態のあり方に深く関連する税制の推移について、若干説明しておきたい。一八九九（明治三二）年の税制改正によって、法人税制（法人税の創設は一九四〇年）が初めて導入され、法人所得（第一種所得）に対しては税率二・五パーセントの課税がなされ、個人所得に対しては所得に応じて一～五・五パーセントまでの税率を課すという累進制が採用された。[6]

したがって、所得によっては個人経営から法人化するほうが有利になった。日露戦争時に非常時特別税法が施行され、それが一九一三（大正二）年の税制改正によって恒久化されることで、合名・合資会社及び株主二一名未満の株式会社・株式合資会社へは、所得に応じて四～一三パーセントの累進税が適用されたのに対し、株主二一名以上の株式会社・株式合資会社に対しては六・二五パーセントのフラット税が課せられることになった。

この状況下で、財閥の傘下企業などの株式会社化が進んだことはよく知られている。しかし権四郎は、企業規模が大きく拡大したにもかかわらず、個人経営であることを選択し続けた。

続いて一九二〇年の税制改正によって、すべての法人に対して累進課税制度が適用されるようになり、同族企業にとって株式会社化する誘因は税制上はなくなった。また同年の改正によって、株式などを大量に保有する富裕な家族は保全会社をつくり、株式配当などを保全会社で受け取り、保全会社から所得の分配を受けるほうが節税となったが、久保田家はそれも選択していない。

したがって一九三〇（昭和五）年の株式会社化は、所得税法上の節税対策ではなく、株式会社化による経営責任の明確化、及び同年一〇月六日に創業四〇周年・還暦祝賀の記念式典を大阪角座で開催した権四郎の相続税対策が主目的であったと思われる。

なお同年の久保田鉄工所・久保田鉄工所機械部の二社株式会社化以降、権四郎は両社の社長ではなく「取締役会長」であり、権四郎が「取締役会長・社長」を名乗るのは一九四二年下期以降であった[7]。

続いて一九三七年三月に、久保田鉄工所は久保田鉄工所機械部（後述の堺工場の工場敷地を購入するため三六年に資本金を一〇〇万円増資して二五〇万円とした）を吸収合併し、翌四月に三〇〇万円増資して一〇〇〇万円とした。増資資金は堺工場の建設資金と恩加島工場の拡張費用に充てられた。

合併によって「鋳造工場ト機械工場トノ一貫工場ニ就キ異常ノ効果ヲ収メッ、アリ、即チ旧機械部ヨリ継承シタル営業ニ就テハ合併ニヨリ必然的ニ両社諸経費ノ逓減ヲ見[8]」といわれたが、本来の姿に戻ったともいえるこの合併の背景には、準戦時期にあっては、企業規模の大きさ自体が経済統制の対象としての優位性を左右するといった事情もあったと思われる。

一九三八年七月に久保田鉄工所は隅田川精鉄所を合併して、資本金を一二〇〇万円とすると同時に、東京出張所の支店昇格、横須賀出張所の開設、九州出張所の拡張など販売体制の強化を図った。翌年八月に倍額増資して資本金を二四〇〇万円とした。この増資を機に株式一〇万株（旧株五万株・新株五万株）を公開し、増資新株の引受人には住友・野村系などの大手企業が名を連ねた。

住友本社商工課が一九三九年六月二〇日に作成した文書によると、久保田鉄工所株式買い入れの事情は、「最近ハ政府ノ管理工場トナリ、軍需工業方面ヘノ進出刮目スベキモノアリ。其積極的経営方針ハ、過去ノ堅実ナル経営方針ト相俟ツテ時局ノ影響ニヨリ何レモ相当ノ活況ヲ続ケ居ル次第ニシテ、就中《なかんずく》鋳物工作機械及堺工場ノディゼルエンヂン等ハ、可ナリ注目ニ値シ、相当将来性ヲ有スル事業ナリト言フ可《べ》シ。従来住友関係工場トハ、金属工業、機械工業トノ間ニ取引関係ヲ有スルト共ニ、住友銀行トハ多年密接ナル取引関係ヲ有シ居リ、現在相当額ノ融資ヲナシツ、アル次第ナリ。仍而《よつて》此際久保田氏ノ懇請ヲ容レ、同社株式ヲ取得シ（中略）提携ヲ図ラントスルモノナリ(9)」であった。住友系企業による久保田株の買い入れは、権四郎からの働きかけによるものであった。

株式公開と大阪株式取引所への株式上場を機に社内制度も見直され、命令系統を明確にした部課制が確立し、それに伴って各部門の職務分掌が制定された。また正式に役付取締役を選任できるように定款も変更され、一九四〇年六月から月二回社報が発行されるようになった。

表8　久保田鉄工所の役員（1940年上期）

| 役職 | 氏名 |
|---|---|
| 取締役会長 | 久保田権四郎 |
| 専務取締役 | 久保田静一 |
| 専務取締役 | 久保田藤造 |
| 常務取締役 | 小田原大造 |
| 常務取締役 | 田中勘七 |
| 常務取締役 | 片岡帝一 |
| 取締役 | 荒木宏 |
| 常任監査役 | 針生利喜多 |
| 監査役 | 久保田篤次郎 |
| 監査役 | 久保田信博 |

［出典］　株式会社久保田鉄工所『第19期業務報告書』15ページ。

株式公開直後の一九四〇年上期の役員は表8の通りであった。専務の静一は権四郎の長男であり、一九一九（大正八）年に早稲田大学を卒業後家業に従事し、三七（昭和一二）年の二社合併で誕生した久保田鉄工所の専務取締役に就任した。[10]

一九二一（大正一〇）年に早稲田大学を卒業した藤造は権四郎の次男であり、早くから久保田鉄工所の経営に参画し、三九（昭和一四）年当時東京支店長であった。小田原大造は隅田川精鉄所の合併によって一〇年振りに久保田に復帰し、筆頭常務に就任した。

田中勘七は一九一四年に明治工業専門学校を卒業し、一七年一二月に久保田鉄工所に入社した技術者であり、三九（昭和一四）年時点で尼崎工場長であった。片岡帝一も先にみたように鋳造関係の発明を行なった技術者であった。取締役の荒木宏は住友金属工業元専務取締役であり、満洲車輌、帝国酸素の取締役も務めていた。常任監査役の針生利喜多は住友銀行元支店長であった。監査役の久保田篤次郎はすでにみたように長女の婿養子であり、監査役の久保田信博は権四郎の三男、一九三一年に同志社高等商業学校卒業後、国産工業をへて久保田鉄工所に入り、三九

**表9　主要株主（1万株以上、1941年10月末時点）**

（株）

| 氏名 | 旧株 | 新株 | 合計 |
|---|---|---|---|
| 久保田権四郎 | 85,100 | 42,920 | 128,020 |
| 春日宏（住友金属工業社長） | 42,600 | 11,300 | 53,900 |
| 久保田静一 | 29,620 | 14,810 | 44,430 |
| 久保田藤造 | 23,060 | 11,530 | 34,590 |
| 岡橋林（住友銀行社長） | 16,500 | 8,250 | 24,750 |
| 野村直二（野村生命保険社長） | 14,000 | 7,000 | 21,000 |
| 久保田篤次郎 | 13,600 | 6,800 | 20,400 |
| 片岡音吾（野村證券会長） | 12,400 | 6,200 | 18,600 |
| 熊本石造（野村信託専務） | 12,100 | 6,125 | 18,225 |
| 久保田信博 | 11,560 | 5,780 | 17,340 |
| 成瀬達（日本生命保険取締役） | 10,500 | 5,250 | 15,750 |
| 今井卓雄（住友信託専務） | 10,000 | 5,000 | 15,000 |
| 松井孝長（住友生命保険専務） | 10,000 | 5,000 | 15,000 |
| 野村義太郎（野村合名代表社員） | 10,000 | 5,000 | 15,000 |
| 合計 | 301,040 | 140,965 | 442,005 |

［出典］　前掲『久保田鉄工八十年の歩み』203～204ページ。

年時点で三二歳、堺工場長を務めていた[11]。

一九四一年一〇月末現在の保有株式一万株以上の大株主をみた表9にあるように、権四郎を筆頭に久保田一族の人々を除けば、大株主として住友金属工業、住友銀行、野村生命保険、野村證券、野村信託、日本生命保険、住友信託、住友生命保険、野村合名の代表者が並んでいた。

総株数七二万株に占める権四郎の持株比率は一七・八パーセント、久保田一族五名では三四パーセントに達した。なお表9に表れない久保田関係者の持株数を示すと（一九四一年四月末現在）、権四郎の妻・きみ子三八九〇株、四男・末忠（四〇年時点で機械部研究主任）六三二〇株、長女・静江五四〇〇株、次女・三千子三二七〇株、三千子の夫天野利三郎二〇〇〇株、三女・千鶴子四八一〇株、四女・博子の夫吉田千束六〇株、五女・千代子四三八〇株であり、その合計は三万一三〇株に達した。なお吉田千束と千代子の夫竹中哲哉（三四年京都帝国大学卒業）も久保田鉄工所に勤務した[12]。

一九四四年上期末の久保田鉄工所の重役陣の構成は、権四郎が取締役会長・社長、静一が専務取締役・副社長、藤造が専務取締役、常務取締役が小田原大造、田中勘七、久保田信博の三名、取締役が高橋政蔵、大出利市（元鋳造製造部次長、片岡帝一の義兄）、吉田千束の三名、監査役が久保田篤次郎、村上謙三、朝倉乗之輔の三名であった[13]。戦時期の最末期においても久保田鉄工所の経営は権四郎を中心にして実の息子、娘婿、叩き上げの専門経営者らによって運営されていたのである。

## 所有者型経営者と専門経営者

一九三九（昭和一四）年一〇月に筆頭常務に就任した小田原大造は、以後「偉大な実業家として尊敬してきた久保田権四郎社長のかたわらで仕事をするのは今回が初めてで、そこに今まで全く知らなかった苦労を発見した。決して恩人久保田老を悪くいうものではないが、若いときから旧式資本主義の環境の中で伸びてきた久保田老には、私などと大きな考え方の相違があることを知った。特に社会的にも訓練されていない社長の令息たちの思想的感覚が私の苦労のもとになった[14]」と告白しているように、所有者型経営者一族との関係に苦慮することになった。

一方、一九四〇年の創業五〇周年の記念誌に小田原は「主人、使用人といふ間柄は、当時盛に外来思想の影響を受けて極端に軽薄な思想に左右されて居つたけれども之は大な間違であつて、主従或は君臣の間柄でなくてはならない」、「御主人からは特別な恩寵を受け異数な抜擢昇進の末、今では遂に御当家最高幹部の一人と迄重用せられる身になつた、（中略）若御主人には人格器量共に兼備せられた実に立派な方が二代将軍として控えて居られるし、（中略）その上其他の若主人並に御一統何れも立派な方が揃つて居られるので主家の礎愈々《いよいよ》堅く」といった久保田同族への賛辞の言葉を続けている[15]。この時の小田原の心境がいかなるものであったのか、外部からはうかがい知れないが、久保田一族に対する小田原の不満が溜まっていったものと思われる。

小田原によると、筆頭常務に就任した際、久保田鉄工所には退職金規定がなかったため（現実には先にみたように一定のルールにもとづく退職手当があった）、権四郎を説得して退職金規定をつくったものの、「子息ら久保田一族の人々の強い反対を受け、従業員との板ばさみになって苦しい立場におかれた。一事が万事で、私の立案することの多くが、社長はじめ久保田一族のいれるところとならず、筆頭常務の地位におりながら腕をふるうこともままならず、昭和十八年の暮れ堺事業所長に転任するまでの四年間を悩み抜いた[16]」という。

一九四三年一〇月、小田原は堺事業所長に、もう一人の常務取締役の田中勘七は武庫川の機械工場長へ転じることになった。この時、小田原によると、権四郎は両人に対して「君たちの年齢、閲歴からいうと、当然社長、専務になるのが普通だが、久保田鉄工では久保田一族以外の人は専務以上にはしない方針である。これは不動の方針であるから了承してあきらめてほしい」と言ったという。

小田原の気持ちは複雑であった。「社長令息や女婿たち、それにつながる二、三の社員で新しい首脳部を作る。それにはわれわれ古参者はじゃまになるから追い出すという意味にもとれないことはなかった。株式会社組織とはいえ、当時はまだ個人企業的性格の久保田であった。ひそかに覚悟していたこともあったが、いざ真正面から言い渡されてみると、その気持ちはまた格別であった」というのが小田原の心境であった。いったんは会社を辞めようと思った小田原であったが、長男が幹部候補生教育を終えて南方に出征する際であり、みずからは国策に協力して堺事業所で兵器生産に邁進しようと思い定めたという[17]。

しかし小田原の筆頭常務への登用の頃から、久保田鉄工所の多工場運営のあり方はより洗練されたものになりつつあった。「昭和一四年ころから（中略）各工場単位で生産高と利益額にもとづいて、利益率、総資本回転率などを算出して、工場の業績査定を行い、その業績を賞与に反映させることによって従業員の意欲を高めるとともに、原価意識を培うという管理方式をとってきておりました[18]」といわれるような工場間競争を促す仕組みが戦時期に導入されたのである。

一九四四年一月に軍需会社に指定された久保田鉄工所では、権四郎が生産責任者になるとともに、同年七月に田中勘七常務取締役が武庫川工場生産担当者、山本光男が尼崎工場生産担当者、同年九月に小田原大造常務取締役が堺工場生産担当者、村上謙三監査役が神崎工場生産担当者、竹中哲哉が市岡工場生産担当者に就任した。[19]

(1) 一九三六年八月に株式会社久保田鉄工所機械部が一〇〇万円を増資して資本金二五〇万円となったため。
(2) 久保田鉄工編［一九七〇］、『久保田鉄工八十年の歩み』（同社）一一一ページ。
(3) 牛尾栄次［一九七六］、『牛尾栄次従心小史』（私家版）八二ページ。
(4) 竹下百馬・猪股昌孝編［一九四一］、「社長挨拶」『株式会社久保田鉄工所創業五十周年記念祝典誌（・満洲久保田鋳鉄管株式会社創立五周年記念誌）』（久保田鉄工所総務部文書課）二七ページ。
(5) 前掲『牛尾栄次従心小史』二〇ページ。
(6) 以下、宮本又郎［一九九〇］、「産業化と会社制度の発展」西川俊作・阿部武司編『産業化の時代 上（日本経営史4）』（岩波書店）三七九〜三八六ページによる。
(7) 株式会社久保田鉄工所［各期］、『業務報告書』。
(8) 久保田鉄工所『第一三期業務報告書』三ページ。
(9) 山本一雄［二〇一〇］、『住友本社経営史』下巻（京都大学学術出版会）三四四ページより再引用。
(10) 以下、［一九四〇］、「株式会社久保田鉄工所」松下傳吉編『人的事業大系製作工業篇』上巻（中外産業調査会）二三五〜二三七ページによる。
(11) 以上、重役の出身学校については、久保田鉄工所［一九五〇］、『社債発行目論見書』四〜五ページによる。
(12) 以上、挾間祐行［一九四〇］、『此の人を見よ―久保田権四郎伝―』（山海堂出版部）二六四ページ、近藤保雄［一九四二］、「東亜重工業界の重鎮　久保田権四郎翁の奮闘伝」近藤保雄『偉人と英傑立志伝』（日本精神社）九六〜九七ページ、及び久保田鉄工所「第二一期株主名簿」昭和一六年四月末現在による。なお竹中哲哉の入社は一九三九年三月（前掲『社債発行目論見書』五ページ）。
（13）株式会社久保田鉄工所『第二八期業務報告書』七～八ページ、及び前掲『牛尾栄次従心小史』六七ページ。
（14）小田原大造［一九六二］、「私の履歴書」『私の履歴書』第一六集（日本経済新聞社）一二一ページ。
（15）小田原大造［一九四一］、「笑ひ話の様な真剣な告白」竹下百馬・猪股昌孝編『株式会社久保田鉄工所創業五十周年記念祝典誌（・満洲久保田鋳鉄管株式会社創立五周年記念誌）』（久保田鉄工所総務部文書課）五三～五四ページ。
（16）前掲『私の履歴書』一二一ページ。
（17）同前一二二～一二三ページ。
（18）廣慶太郎［一九八七］、『運命に生きて――経営者の歩み――』（法律文化社）三〇～三一ページ。
（19）前掲『第二八期業務報告書』三ページ。

# Ⅷ　一九三〇年代の事業展開

## ディーゼルエンジンの生産と久保田鉄工所機械部の動向

一九二〇年代半ばから、漁船エンジンのディーゼル化が進展した。権四郎は、石油発動機の製造技術と中断していた蒸気エンジンの経験を活かして、ディーゼルエンジンの事業化を推進した。

一九二七（昭和二）年にスイスのズルツア式船用エンジンに範をとった試作品が完成し、五〇・七五・一〇〇馬力の船用ディーゼルエンジンを発表した。続いて一九三一年には、陸用ディーゼルエンジンの分野に進出した。久保田は農工用発動機にボッシュ製マグネトとプラグを使用したが、その輸入元の柳生商会からアクロ式ディーゼルエンジンの特許権購入を強く勧められ、一九三〇年に金丸喜一技師長がボッシュ社を訪問して交渉を進めた結果、契約期間一〇年、ロイヤリティー五パーセントで七機種（六〜七五馬力）の製造権を入手することができた。

このディーゼルエンジンは、主に揚水ポンプや製材機の動力として用いられ、船舶用には五〇馬力以上のものが使われた。一九三〇年代半ばになって、発動機メーカーの間で国産マグネトが広く採用されるようになっても、久保田のボッシュ製マグネトへの信頼は揺るがず、優秀な輸入機械製品への依存が続いた[1]。

久保田鉄工所では、電気点火式重油機関の設計を完了し、厳寒期でも簡易に始動し、完全燃焼を行う高性能機関を製造した。一九三五年一一月にトバタ新型重油発動機と命名して発売を開始した[2]。

この重油機関の開発に先だって久保田では「既に発売以来全国各地に設置してゐる数百台のエンヂンについてその実地の運転状態を詳かにすると共にカストマーの意見をも聴取する要があり同所金丸技師長を先頭に先づ手近の播州、府下泉南、泉北地方に乗出し巡回サービスを行[3]」う予定であった。このように新機種開発に際して需要者の声に耳を傾けるという久保田鉄工所の姿勢が、市場からの支持を獲得する上で大きな要因となっていたのである。

一九三五年にソビエト連邦（ソ連）が北満鉄路を満洲国に譲渡した際、その売却代金をもって日本から大量の工業製品の買い付けを行なった。その中には約四〇〇台のディーゼルエンジンも含まれており、そのうちの一〇一台を久保田鉄工所が受注し、翌年三月に納入した。

機種はズルツア式ディーゼルエンジンＫＭ形五〇・七五・一〇〇馬力、ＫＬ形一〇〇馬力であり、船舶用が九一台、発電用が一〇台であった。「本機関は、クランク室掃気法を採用し、燃焼室には予燃焼室が有り、ピストン、シリンダ、シリンダ蓋等主要鋳物は、特許ランツ式鋳造法に依る波来土《パーライト》鋳鉄を配し、燃料ポンプ、噴射ノズル、潤滑油器等はボッシュ製品を装備し、操作の簡単、運転の確実及び信頼性の大なることを特徴として」[4]いた。まさにこのディーゼルエンジンはズルツア、ランツ、ボッシュと久保田鉄工所の技術導入の成果を集約する製品であった。

ソ連向け輸出にはディーゼルエンジン一〇一台以外にも石油発動機一五〇台が含まれており、ディーゼルエンジンの販売額は約七五万円、石油発動機は約一五万円に達した[5]。ディーゼルエンジンの契約について、「今回の成契に於ては馬力当り百円となつてゐるがこれはデイゼルエンヂンとしては殆んど普通の価格に近くソ連が次第に認識を改めて公正な購入方針に変つて来つゝある事は関係業界も好感を以て迎へてゐる」[6]と評され、当初ソ連向け輸出が価格面でいろいろと交渉の余地があったことをうかがわせる。

一九三二年九月に海軍省に提出された「購買名簿登録願」によると、久保田鉄工所機械部（船出町工場、元本工場）の生産内容は、（一）内燃機関（農工用小型発動機、舶用小型発動機、陸用小型ディーゼル機関、舶用ディーゼル機関、航空機用発動機部分品）、（二）蒸気機関（船舶用主機械、船舶用補機械）、（三）造船用諸機械、（四）各種合金類、（五）汽缶用付属機械類（節炭機、給炭機、安全弁その他弁類、（六）諸衡器（自動秤、台秤、上皿棹秤、鈎秤、貨車掛衡橋、連続秤量機）であった[7]。

発動機関係の特許は二件、実用新案は四件あり、船用機関に関して、久保田鉄工所機械部は遠洋漁業奨励法による農林省認定工場であった。また衡器に関する特許は六件、実用新案は九件取得していた。久保田鉄工所機械部の主な技術者は、金丸喜一、田中勘七、川端駿吾、村上謙三、朝倉乗之輔、鈴木四郎（三〇年東京帝国大学工学部機械工学科卒業後入社）(8)の六名であった。

一九三二年九月に提出された「購買名簿登録願」を受けて、一〇月には海軍造船監督官中島喜三郎による工場視察が行われ、その報告書の中で中島は久保田鉄工所機械部の設備について先の「登録出願品等ノ製造ニ対シテハ十分ナル設備」と評価し、作業は「正味労働時間ハ八時間制」であり、「能率増進ノ主旨ヨリ請負法ヲ採用ス即チ仕事ノ種類ニヨリ一部個人請負トシ亦一部連合請負ノ方法ニヨルモノアリ」としていた(9)。

全体的な評価は「同所ハ稍々消極的ノ感アルモ財政的ニハ広ク信用ヲ有シヲリテ不況ノ際ト雖モ相当堅実ニ事業ヲ経営スルノ確信アリト認ム」とする一方、「同所ハ市街内ニアルヲ以テ工場地帯トシテハ極メテ不適当ナリト認ム」と判断した。

## 長引く鉄管不況と鋳型生産

「財界ノ不況ハ今期ニ入テ更ニ深刻味ヲ加ヘ（中略）一部工場従業員ノ整理ヲナシ之ガ為相当多額ノ支出ヲ要シ(10)」（一九三一年下期）、「各地水道事業中前期ニ於テ繰延ヘラレタルモノニシテ今期相当具体化サル、モノ在ルヲ期待シタルモ一般ノ不況益々其度ヲ加ヘ之カ実現遅々トシテ進マサル」[11]（三二年下期）、「売込先カ殆ト公共団体ナル関係上常ニ其予算乃至《ないし》前約単価ニ拘束セラレ廉価受注ノ止ムナカリシモノ尠《すくな》カラス、結局平均前期ニ比シ幾分売価向上ヲ見タルモ之ヲ原、材料市価昂騰率ニ対比セハ猶甚《なお》シキ低率ニ過キ[12]」といったように鉄管業界は満洲事変後も不況が長引いた。

こうした中で、鉄管不況に苦しんでいた尼崎工場では、一九二四（大正一三）年以来製造を中断していた鋳型（インゴットモールド：溶鋼を所定の形状の鋼塊に固めるための鋳鉄製容器）の生産を三一（昭和六）年に再開し、一五〇キログラム二本立鋳型を住友伸銅鋼管に納入した。しかし生産中断による技術的空白は大きく、当初は受注活動において苦戦の連続であったが、次第に需要筋の信頼を獲得できるようになり、再開後数年で鋳型事業を軌道に乗せることができた。一九三六年には大型鋳型生産を尼崎工場に集中し、小型を恩加島工場で製造する体制が敷かれ、三八年に隅田川工場、四二年に市岡工場でも鋳型が生産されるようになった。

### 堺工場の新設

「トバタ発動機」を得たことで、久保田鉄工所機械部の販売台数は大幅に増加し、市場シェアも高まったものの、当初は期待したほどの経営成果を生まなかった。しかし農村の景気が回復するにつれ、業績は次第に好転し、一九三五（昭和一〇）年には発動機部門の売上高が、久保田鉄工所・久保田鉄工所機械部の二社合計売上高の一五パーセントを初めて超え、内燃機が鉄管と並ぶ久保田の基軸商品となったことを物語っていた。

発動機需要が増大するにもかかわらず、船出町工場には拡大の余地がなかったため、一九三四年頃から農工用発動機の専門工場の建設計画が具体化し、三六年一月に堺市石津町に土地（一万二六八五坪）を購入した。

堺工場の建設は一九三七年四月から始まり、建設担当の片岡帝一技師長と実用自動車製造でゴーハムから科学的管理法の指導を受けた柳生種治郎技師（二一年大阪市立都島工業学校卒業）[13]が最新鋭の工場建設を目指した。新鋭機械百余台のうち六〇台は欧米諸国からの輸入品であり、生産工程にはコンベヤーシステムが導入された。堺工場は翌年一月から本格稼働し、発動機生産能力は年産一万五〇〇〇台と従来と比較して倍増した。

しかし同年に陸軍管理工場に指定された堺工場では戦争の進展とともに軍需生産の割合が増大し、一九四三年には農工用発動機の生産を中止した。

また柳生種治郎によると、一九三五年に権四郎が町の発明家から「土掘り機械」を購入し、「柳生、将来の百姓はみなこれを使うようになるのやで」と言い、「もっと改良して実用になるものにしておけ、これがクワやスキの代りになるのや」と開発を督励したという。結局、戦時生産に追われて農業機械の開発は戦後に持ち越された。[14]

## はかり生産の拡大

久保田の産業用はかり

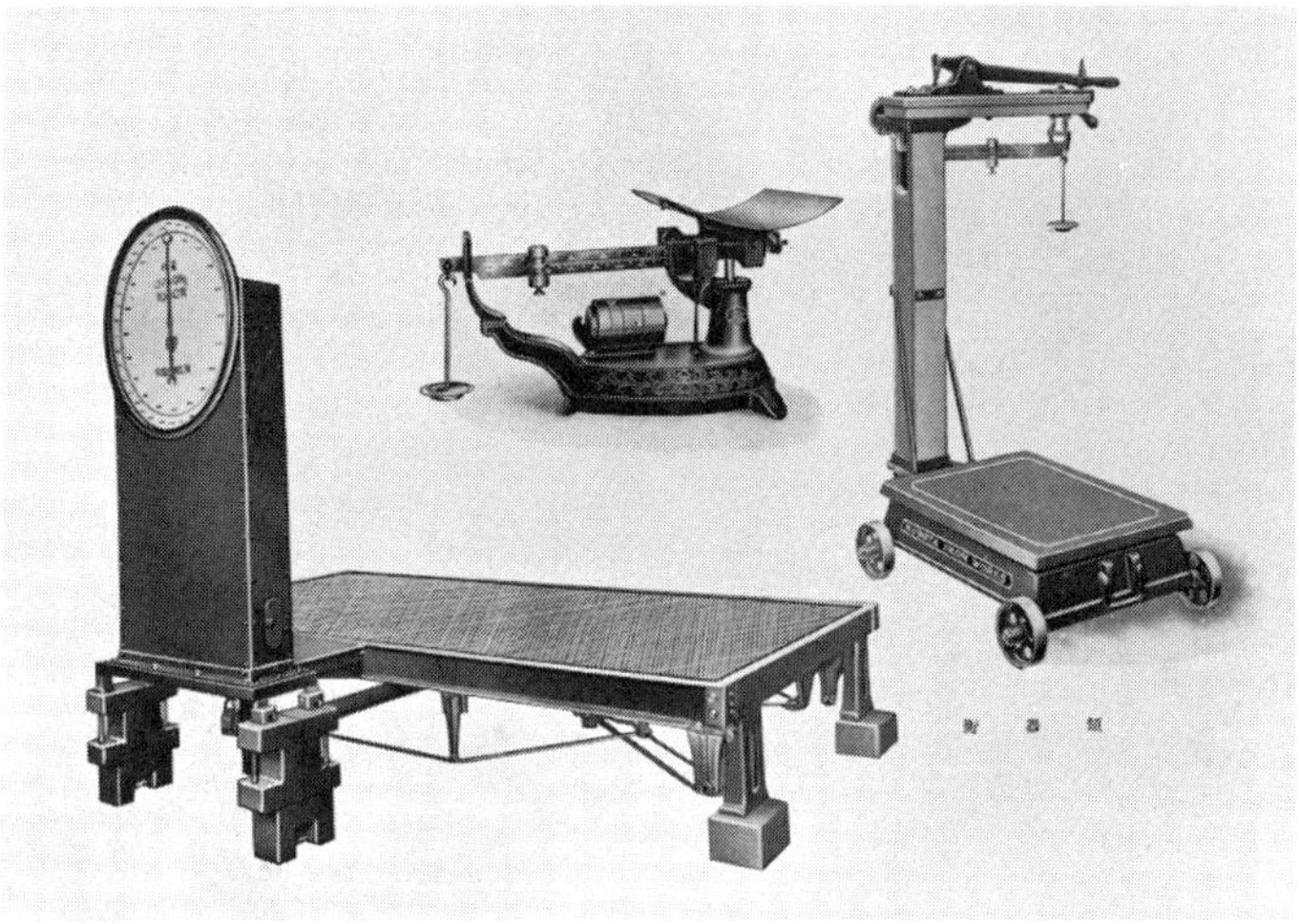

一九二八（昭和三）年当時、船出町工場のはかり生産設備は月産能力二〇〇〇台規模に達しており、権四郎も大阪府度量衡同業組合の組合長に就任するなど業界での地位を固めた。昭和恐慌期には、はかりの生産も停滞したが、その間にも久保田では、産業の各分野で使用される自動連続計重機や大型貨車計重機など産業用はかりの試作研究に取り組み、一九三一年一一月にははかりの全機種を生産できる第二種の免許を取得して、産業用はかりへの本格的参入を目指した。

こうした中で久保田鉄工所はコンベヤーで運ばれる石炭を連続して計重するコンベヤースケール第一号を一九三二年に東京瓦斯に納入した。

一九三五年には、恩加島工場にはかりのための新工場を建設して、船出町工場の設備をすべて移し、はかり部門の責任者として駿河彌平元兵庫県度量衡検定所長を招き、産業用はかりの本格的生産のための体制を整えた。『ENGINEERING』誌（第二八巻第七号、一九四〇年七月刊行）には「クボタレヂスター計重機」の広告が掲載されているが、「本機は毎回の重量を機械的計量に依り最も正確に且つロールテープへ完全なる記録印字を為す最も進歩せる秤量機」であり、これを使えば「立会人等は不要に」なるとしていた。

続いて「主なる御使用先」として「川崎重工業製鈑工場」、「日本鋼管株式会社」以下、二四社が示されていた。さらに戦争末期の一九四四年六月に久保田鉄工所は鋳物製のコンベヤーキャリアとコンベヤースケールを組み合わせた輸送機を生産するために布施工場を開設した。なお久保田製衡器については、一九三六年以降三菱分系会社向けを中心に三菱商事が代理販売した(15)。

## 恩加島工場の拡張

満洲事変後の鋳鉄管ではなく、一般機械鋳物の活況を背景に、久保田では一九三三（昭和八）年八月から恩加島工場の拡張に着手した。

「一般機械鋳物並ニ特殊鋳物界ハ不相変《あいかわらず》好況ニ恵マレ此方面ニ主力ヲ集注シタリ然ルニ前期ニ於テ一部工場拡張ヲ為シ相当能力ノ設備ヲ有シ努力運行シツ、アルモ何分時節柄優秀工員ノ雇入レ意ノ如クナラズ充分ニ之ガ機能ヲ発揮シ得ザリシ(16)」（一九三四年下期）ところ、一九三四年九月には室戸台風によって工場が全面冠水するなどの痛手を蒙ったものの、三七年までに所要資金五〇〇万円を投入して一応の完成をみた。

これによって生産は拡張前の約一〇倍、年産二万二三六四トンと飛躍的に増大し、恩加島工場は総合鋳物工場へと変貌した。一九三六年から着手された国家プロジェクトである関門トンネル用セグメント一万三〇〇〇個はすべて一九三九〜四三年に恩加島工場で生産されたものであった。

恩加島工場の拡張時には電気炉が導入されたが、久保田ではこの電気炉を活用して鋳鉄よりも硬く粘りのある鋳鋼品に進出したいと考え、一九三六年に大阪機械製作所の鋳鋼技術者である見須二朗（東北帝国大学工学部機械工学科を三〇年に卒業）を迎え入れた。

見須が一九三七年五月に鋳鋼製歯車を試作して、権四郎に見せたところ、喜んだ権四郎はただちに長男静一の経営する大同鉄工所を吸収して鋳鋼専門工場にすることを指示した。

大同鉄工所は恩加島工場の斜め向かいにあり、初代工場長となる見須は大阪機械製作所から職長以下経験工十数名を招いて陣容を整え、一九三七年一二月には鋳鋼工場が発足した。生産量は当初月産七〇トンであったが、一九四〇年には三〇〇トンに拡大したため、製品処理場などとして大正区鶴町にあった日本ゼネラル・モータースの旧工場を買い取り、鶴町工場とした。

三菱商事によると「同社（久保田鉄工所―引用者注）の鋳鉄鋼品は我社一手扱ではなく、阪神地方に於ては三菱分系会社の注文さえ久保田が直扱したが、他地方では多く我社各支店が取扱った[17]」。

（1）「国産マグネトーの採用実現するか　久保田発動機へ注目」『日刊工業新聞』一九三四年八月八日。
（2）機械学会編［一九三六］、『機械工学年鑑』昭和一一年版（同会）六四～六五ページ。
（3）「巡回サービス　金丸技師長派遣」『日刊工業新聞』一九三五年二月二六日。
（4）機械学会編［一九三七］、『機械工学年鑑』昭和一二年版（同会）九五ページ。
（5）『日刊工業新聞』一九三五年八月三日・八日。
（6）同前紙一九三五年八月三日。
（7）以下、「購買名簿登録願」（『株式会社久保田鉄工所機械部』所収、昭和八年、アジア歴史資料センター、Ref. C05023225800、防衛省防衛研究所）による。
（8）「主タル技術者氏名経歴」（同前史料所収）。
（9）以下、中島喜三郎「工場視察記事」昭和七年一〇月二六日（同前史料所収）による。
（10）久保田鉄工所『第二期業務報告書』（昭和六年下期）二ページ。
（11）久保田鉄工所『第四期業務報告書』（昭和七年下期）二ページ。
（12）久保田鉄工所『第五期業務報告書』（昭和八年上期）二ページ。
（13）久保田鉄工所［一九五〇］、『社債発行目論見書』五ページ。
（14）牛尾栄次［一九七六］、『牛尾栄次従心小史』（私家版）二九四ページ。
（15）三菱商事株式会社編［一九五八］、『立業貿易録』（同社）二六九ページ。
（16）久保田鉄工所『第八期業務報告書』（昭和九年下期）二ページ。
（17）前掲『立業貿易録』二六九ページ。

# IX　戦時下の久保田鉄工所

## 尼崎製鉄の設立

戦時期の新規事業の一つに製鉄業への進出があった。権四郎が取締役を兼務していた株式会社尼崎製鋼所から、一九三七（昭和一二）年に銑鉄生産会社の設立を打診された。

同社と鋳物用銑鉄を大量に使用する久保田鉄工所の共同で、製鉄事業法の適用を受けられるほどの大型高炉を建設しようとする案であった。自社高炉を保有することは、原料銑確保の観点からだけでなく、高炉から出銑する溶銑を直接鋳造（直鋳）して鉄管をつくり鋳造工程の合理化と品質の安定を図る上からも重要と権四郎は以前から考えていた。

第一次世界大戦期に関西製鉄での挫折を経験していたが、権四郎は今回は好機と判断した。一九三七年八月に尼崎製鋼所と久保田鉄工所の折半出資で尼崎製鉄株式会社（資本金五〇〇万円）

が設立され、権四郎が社長に就任した。しかし戦時下の製銑設備の建設は、予想以上に資金が嵩み、津田信吾が社長を務める鐘淵実業の資本参加も得て三五〇トンの高炉が竣工するのは一九四一年六月のことであった。

一九四一年六月七日に高炉の吹入式が挙行され、祭主の権四郎が祭文を読み上げ、商工大臣代理（椎名悦三郎総務局長）、来賓代表平生釟三郎鉄鋼統制会長らの挨拶の後、権四郎の手によって溶鉱炉点火が行われ、最後に平生の発声によって万歳三唱のうちに式は終了した(1)。

同社で使用する鉄鉱石は朝鮮、北支、南支、内地鉱石を鐘淵実業から供給され、骸炭炉に用いられる石炭は中国炭が同社から供給される予定であった。

尼崎製鉄の設立と並行して鉄管工場の建設も計画された。満洲で成功した砂型遠心力鋳造設備に加えて金型遠心力鋳造設備も国内で初めて実用化しようとするものであり、建設の指揮には鋳造部門の総責任者である田中勘七常務取締役があたった。

一九三九年に尼崎製鉄に隣接した土地を購入し、高炉から出る溶銑を直接鋳造して遠心力鋳鉄管を生産する武庫川工場の計画を実現しようとしたのである。一九四一年一〇月に砂型遠心力中管工場が竣工し、鋳造を開始したものの、尼崎製鉄の溶銑が武庫川工場に搬入されることは一度もなかった。経済統制の強化によって銑鉄の供給先を経営者が自由に決定できないようになったからである。

鉄管直鋳の悲願が実らなかった失望から体調を崩したこともあり、一九四三年に権四郎は尼崎製鉄の社長を辞任した。関西製鉄に続く、権四郎にとっては製鉄業進出に関する二度目の挫折であった。

信念を貫くことの重要性を語ってきた権四郎であったが、戦時の経営環境は権四郎の夢の実現を許さなかったのである。武庫川工場では一九四三年五月に、金型遠心力鋳鉄管工場の建屋が完成するが、鋳造設備が完成しないうちに、四五年六月の爆撃を受けることになった。

## 工作機械生産の再開

戦時期には工作機械生産も活況を迎えた。一九二〇年代半ばにいったん中断していた工作機械生産であったが、一九三〇（昭和五）年からロール旋盤が生産されるようになり、三七年に船出町工場において本格的に生産再開することが決定され、「モナーク」型普通旋盤からスタートした。(2)

自家用の平削盤製造もこの頃から行なった。船出町工場では製鉄用機械その他の産業機械など多機種を生産していたため、それらを整理しつつ工作機械生産を推進するために片岡帝一や朝倉乗之輔らが努力した。

一九三九年に日本製鉄から大量のロール旋盤を受注し、四〇年には安川電機製作所と提携して電気制御を取り入れたワードレオナード式の平削盤が開発された。一九四二年七月には軍部の命令によって生産機種はロール旋盤、平削盤、縁《ふち》削盤の三機種に限定されるようになったが、耐摩耗性に優れた鋳物の自家調達が可能な久保田の工作機械は納入先から高い評価を受けた。

増大する工作機械需要に対応して、後述のように一九四三年七月には、船出町工場の工作機械部門を移設して武庫川工場第四機械工場（工作機械工場）が完成する。同工場は八月に陸軍監督工場、一〇月に商工省管理工場に指定され、一一月の商工省の廃止、軍需省の創設に伴って軍需省管理工場となった。

工作機械生産の拡大に応じて各種団体への加盟も増加し、久保田鉄工所は一九四二年一月に精密機械統制会、海軍工作機械工業会、五月に海軍工作機械工業会大阪地区会、四三年五月に陸軍航空工業会第五工業会工作機械部会、七月に兵器工業会工作機械部会にそれぞれ加入した。

一九四二年一一月には、精密機械統制会考査部員による興味深い調査が行われており、その内容を紹介してみたい(3)。

工作機械の納入先は海軍六割、陸軍四割であり、「民需ハ殆ドナシ」であった。また「工作機械鋳物ハ殆ド全国ノ各工作機械許可会社等ニ供給セリ」と報告されており、「鋳物の久保田」の機械鋳物が全国の工作機械生産を支えていたことがわかる。

工作機械鋳物については、一九三八年にすでに「尼崎工場に於て旋盤鋳物の専門工場を、完成工作機械メーカーの大量受注に応ずることになつた、即ち同工場は同社社長の大量生産機構による合理的生産を以て工作機械増産に貢献せんとする趣旨に基くもので約四百坪余の右旋盤鋳物工場を二分し、一方は旋盤ベッド、一方は其他附属品の鋳物をなすもので日産十台、月産三百台のキャパシティを有するもので目下の処六尺、八尺、十尺、十二尺旋盤の鋳造を行ふものである」[4]と報じられた。

尼崎工場での工作機械鋳物生産については、一九四〇年にも「現在の工作機械精度の劣悪は鋳物製品に原因する処が甚大であるとの見地より工作機械製作進出よりも先ず全国的な鋳物製品の向上を提唱すること丶なり目下尼崎工場を拡充整備、こ丶を工作機械鋳物専門工場となし従来の顧客方面は勿論のこと全国的に工作機械製作業者に供給すること丶なつた（中略）現下鋳物劣悪を云々されてゐる秋《とき》同社のこの方針は工作機械生産に多大の効果を齎すものと見られる」[5]といわれた。

精密機械統制会考査部の調査時期は武庫川工場工作機械工場が完成する前であり、工作機械生産は船出町工場で行われていた。[6]「各業種ハ大体工場別ニナリ居ルモ工作機械生産部門ノミニツイテ見ルニ船出町工場ニ於テハヂーゼルエンジント同一棟内ニ於テ兼業シ製造設備、工員共ニ相融通シ経理上判然タル区分ハ困難ノ如シ」、「従来工作機械製造工程ハ尼崎工場ニ於テ機械鋳物ヲ吹キ、船出町工場迄トラック或ハ船ニテ運搬、機械加工ヲナシ更ニ武庫川工場ニ運送、仕上組立ヲナセリ、カヽル不便ヲ除ク可《べ》ク船出町工場ノ工作機械部門ヲ武庫川工場ニ移転、武庫川工場ヲ整備拡張シ流レ作業ヲ計画中ニテ十八年八月ニハ移転完了ノ見込ナリ」と報告されていた。武庫川工場工作機械工場の完成は戦時中としては異例のことであったが、ほぼ予定通り実現したことになる。

経理状況の調査では、部門別帳簿に関しては「工場別帳簿作成セルモ部門別帳簿ナク工作機械部門武庫川工場ニ集中ノ上他部門ヨリ分離作成ノ予定」であった。原価計算は実施されており、予算統制は「未ダ完全ナラザルモ各工場別ニ去年度（一九四一年度―引用者注）ヨリ実施」していた。

労務に関しては「賃金制度ハ個人請負制。平均時給三〇銭、養成工約三〇％。寄宿舎ニ収容。就業時間七時半ヨリ十七時迄、残業時間一時間半ヲナス。欠勤率三〇％ニシテ、労働能率ノ上ヨリ残業ノ点一考ノ余地アリ」とされた。

武庫川工場工作機械工場（主要工員数二五四名、総工員数三九七名）の一九四三年一〇月～四四年三月期の工作機械生産実績は生産台数一三台、生産重量五四七トン、生産金額一八六万円であった。海軍省経理局の調査によると、同工場は「種々量ノ工作機械ヲ専門的ニ製作スル工場」に分類され、同分類の八工場中、生産効率（作業時間、加工費、設備機械より算出）では大日本工機・今宮工場、野村製作所、大日本工機・市岡工場、芝浦工作機械・鶴見工場に次いで第五位に位置し、武庫川工場の後には荏原製作所・川崎工場、芝浦工作機械・沼津工場、大阪機械製作所・長岡工作機械工場が続いた(7)。

## 軍需生産の拡大

一九三九（昭和一四）年頃から船出町工場では海軍艦政本部からの要請によって、潜水艦を爆雷で駆逐する駆潜艇用、上陸用舟艇用などのディーゼルエンジンの生産が増加した。

そこで将来同工場をディーゼルエンジン専門工場にし、その他の工作機械、鉱山機械、水道用・ガス用バルブなどの産業機械の生産を集約するという構想のもとに、久保田鉄工所は新工場の建設に踏み切った。これが先にみた武庫川工場であるが、同工場の目的は遠心力鋳造法による鉄管と産業用諸機械の生産にあった。工場建設資金としては増資資金の一部をあて、中国の北京工場とともに、創業五〇周年にあたる一九四〇年中の操業開始を期して同年一月から機械工場の建設を始め、一〇月に第一機械工場、四二年に第二・第三機械工場、四三年七月に第四機械工場(工作機械工場)が相次いで完成し、武庫川工場は産業用諸機械の専門工場としての陣容を整備した。

一九四〇年の売上高は四八八八万円、従業員は八五〇〇名に上った。一〇月には堺工場において創業五〇周年の記念式典が挙行され、五〇周年にちなんで、権四郎は従業員の福利厚生のために私財五〇万円を寄付したが、翌年にはこれを基金として久保田厚生組合が発足した。厚生組合の事業は従業員及びその家族に対する診療、人事相談、官庁手続の代行などであり、特に相続、死亡、結婚、兵事、教育などの官庁手続を組合が代行することは類例をみなかった(8)。

太平洋戦争勃発後は陸海軍向けの軍需品生産が主流を占めるようになった。鋳物部門では鉄鋼用の鋳型や機械鋳物のほかに、船舶のプロペラ用の合金鋳物、戦車部品としての鋳鋼、火薬製造のための耐酸鍋用高珪素鋳物などの受注も増え、こうした動向に対応するため、一九四一年には堺工場に隣接する阪堺特殊合金鋳工所を買収して合金鋳物工場とした。また一九四三年には尼崎市に神崎工場を開設して特殊鋳鋼、高珪素鋳物を鋳造した。

一方、機械部門では軍需向けに特殊車輌とディーゼルエンジンを製造し、一九四三年からは飛行場の整地用としてブルドーザーを生産した。同年に、それまでの駆潜艇用四〇〇馬力ディーゼルエンジン年産四六台から一六〇台への飛躍的増産を要請された船出町工場では、工作機械生産を武庫川工場に移すことだけでは対応できず、久保田鉄工所は合名会社滝澤鉄工所と合弁で、一九四三年一〇月に株式会社第二久保田鉄工所（資本金一〇〇〇万円）を設立し、翌年八月に大阪府中河内郡に若江工場を建設した。

しかし空襲に伴う工場疎開などもあって、終戦までに同工場で生産したエンジンはわずか五台にすぎなかった。

一九四四年一月に久保田鉄工所は第一次の軍需会社に指定され、会長の権四郎が生産責任者、各工場長が生産担当者となって生産目標の実現に邁進することになった。しかし、軍需生産に追われた戦時期にも、権四郎は将来の民需復活を見通して技術陣を新技術・新製品開発に取り組ませた。

鉄管では砂型に加え金型の遠心力鋳造技術の実用化を急がせ、また農業機械化の進展を見越して耕耘《うん》機の研究を指示した。一九四五年に入ると、相次ぐ空襲によって各工場は被害を受け、三月一四日の大阪大空襲で船出町・市岡両工場が焼失した。

## 戦時下の資金調達

こうした各事業の拡大が必要とする資金を増資のみに頼ることには限界があった。しかも企業統治の面から久保田一族の持株比率をある程度以下に下げることはできないため、この面からも増資資金には限界が画されていた。

戦前から取引のあった銀行は、住友、安田、三菱、三井、野村、第一、三和、大阪貯蓄などの各銀行であった。

太平洋戦争末期の一九四四（昭和一九）年に軍需会社に指定されると、軍需融資指定金融機関制度が実施され、指定金融機関に住友銀行が指定されると、同行との取引がいっそう拡大した。長期資金は戦時金融金庫（一九四二年四月発足）、短期資金は住友銀行という借入金依存態勢ができた[9]。

## 太平洋戦争期の各工場の動向

一九四二（昭和一七）年八月現在で、久保田鉄工所の公称資本金は三六〇〇万円（一九四一年八月増資、払込資本金は三〇〇〇万円）であり、社員は一〇八一名、工員は七七九四名を数え、下請工場は一五一工場に及んだ[10]。

一九四二年度の工場別生産額を示した**表10**によると、恩加島工場と尼崎工場の生産規模が大きく、次に船出町工場、武庫川工場、堺工場の順であった。全体では産業機械が「その他」（鋳

## 表10　久保田鉄工所生産額（1942年度）

（千円）

| 工場別 | 産業機械 | | | | その他 | 合計 |
|---|---|---|---|---|---|---|
| | 陸軍 | 海軍 | その他 | 小計 | | |
| 船出町 | 1,332 | 3,766 | 81 | 5,179 | 752 | 5,931 |
| 恩加島 | 441 | 999 | 12,041 | 13,481 | 2,290 | 15,771 |
| 堺 | 355 | 256 | 2,087 | 2,698 | 604 | 3,302 |
| 市岡 | | 19 | 167 | 186 | 401 | 587 |
| 武庫川 | 91 | 537 | 684 | 1,312 | 3,064 | 4,376 |
| 尼崎 | | 236 | 4,270 | 4,506 | 9,990 | 14,496 |
| 隅田川 | | | 1,731 | 1,731 | | 1,731 |
| 合計 | 2,219 | 5,813 | 21,061 | 29,093 | 17,101 | 46,194 |

［出典］　産業機械統制会［1944］、『会員業態要覧』昭和19年版（同会）333 ～ 334ページ。

## 表11　久保田鉄工所の工場別従業員構成と設備工作機械台数（1944年6月末）

（人、台）

| 工場別 | 事務員 | | | 技術者 | 工員 | | | 学徒 | 女子挺身隊 | その他 | 工作機械台数 |
|---|---|---|---|---|---|---|---|---|---|---|---|
| | 男 | 女 | 計 | | 男 | 女 | 計 | | | | |
| 船出町 | 57 | 21 | 78 | 70 | 940 | 119 | 1,059 | 324 | 6 | | 290 |
| 恩加島 | 111 | 53 | 164 | 44 | 2,085 | 205 | 2,290 | 795 | | | 206 |
| 堺 | 105 | 95 | 200 | 119 | 2,094 | 294 | 2,388 | 260 | 25 | | 806 |
| 市岡 | 5 | 1 | 6 | 2 | 37 | 5 | 42 | | | | 3 |
| 武庫川 | 95 | 39 | 134 | 24 | 471 | 50 | 521 | 147 | 51 | | 73 |
| 尼崎 | 43 | 42 | 85 | 27 | 1,265 | 105 | 1,370 | 60 | 7 | 57 | 89 |
| 隅田川 | 44 | | 44 | 17 | 686 | 83 | 769 | | | | 67 |
| 合計 | 460 | 251 | 711 | 303 | 7,578 | 861 | 8,439 | 1,586 | 89 | 57 | 1,534 |

［出典］　前掲『会員業態要覧』334ページ。

物、鉄管など）を上回った。

一九四四年六月末現在の各工場の従業者数及び設備工作機械台数をみた表11によると、従業員は事務員七一一名、技術者三〇三名、工員八四三九名、動員学徒一五八六名、女子挺身隊八九名、その他五七名、総計一万一一八五名に達した。工場別にみると堺工場の工員、技術者、工作機械台数が最も多く、発動機生産で培った同工場の技術力が戦争末期においても重要な役割を果たしていたことがわかる。

しかし陸軍の監督官からみて、一九四五年春の堺工場（生産担当者は小田原大造）では「工場疎開ノ運輸及空襲ニヨル工員ノ急激ナル家族疎開ノタメ出勤率悪ク之ガ生産能力ニ大ナル支障ヲ生ジアリ」、さらに「工員ノ質低下ノタメ其ノ技術一般的ニ見テ低下」していた[11]。

恩加島工場（生産担当者は竹中哲哉）の目下の困難は「資材取得方輸送困難殊ニ労務者ノ不足等」であり、監督官からみて「生産担当者ノ指揮掌握未タ充分トハ言ヒ難シ」であった。鋳鋼工場（大正区南恩加島町、生産担当者は竹中哲哉）では「重ナル空襲及副資材ノ入手難等ニ依リ生産減ヲ見タ」。鶴町工場（大正区鶴町、生産担当者は竹中哲哉）では「昭和二〇年三月一三日夜来ノ空襲ニ依リ工場ノ約三割程度焼失」し、「酸素、カーバイド、運送等ニ困難ヲ感ジアル状況」であった。

## 戦時下の技能者・技術者養成

創業以来、体系的な技能訓練施設はなく、徹底したＯＪＴで熟練工を養成してきた久保田鉄工所であったが、一九三五（昭和一〇）年四月に青年学校令が公布されると、これに対応して翌年七月に船出町工場に久保田第一青年学校、続いて三八年に堺工場に久保田第二青年学校をそれぞれ設置した。

青年学校は技能訓練と軍事教練を軸に一般教養科目を配した五年課程であった。学校長は工場長、教員は久保田の社員が担当した。久保田の青年学校はその後、一九三九年五月に恩加島工場に第三青年学校、尼崎工場に第四青年学校、四二年五月に武庫川工場に第五青年学校がそれぞれ設置された。

一方、青年学校とは別に、一九三九年三月に工場事業場技能者養成令が公布され、一定規模以上の工場事業場には技能者養成が義務づけられることになった。久保田ではこうした二元的な措置に対応して、青年学校を第一本科と第二本科に分け、後者で技能者養成令に対応した訓練を実施した。

労働者だけでなく、戦時下の技術者不足に対応して、久保田鉄工所では一九四〇年四月に機械技術者養成所を船出町工場に開設した。中学校卒業者に一年間の速成教育を施して機械技術者、現場技術者を養成しようとする試みであったが、第一期・第二期生合計二二名を輩出して閉鎖された。

さらに大阪府教育課の勧奨によって、一九四四年三月に生野区にあった興國商業学校を継承するかたちで久保田工業学校を設立し、権四郎が理事長に就任した。定員は第一本科（昼間部）六〇〇名、第二本科（夜間部）四〇〇名、修業年限四ヵ年であったが、終戦後の一九四六年二月に、久保田鉄工所が学校経営から手を引いたため、校名をふたたび興國商業学校（現興國高等学校）に復した。

（1）以下、『工業評論』第二七巻第六号（工業評論社）三四〜三五ページ掲載記事「尼崎製鉄の銑鋳一貫作業」による。同号は一九四一年五月一〇日発行。
（2）以下、久保田鉄工所［一九四四］、『当社工作機械製造事業の概要』（同所）による。
（3）以下、生駒俊太郎「株式会社久保田鉄工所調査」昭和一七年一一月二五日。精密機械統制会『兼業調査報告綴』所収による。
（4）前掲『工業評論』第二四巻第二号三九ページ掲載記事「鋳物大量生産へ　久保田鉄工所」による。同号は一九三八年二月一〇日発行。
（5）同前『工業評論』第二六巻第六号六〇ページ掲載記事「工作機高級化には先づ鋳物改良から」による。同号は一九四〇年六月一〇日発行。
（6）以下、前掲の生駒俊太郎「株式会社久保田鉄工所調査」による。
（7）以上、海軍省経理局第六課『工作機械製造業ニ於ケル生産実績並ニ生産効率ノ比較』昭和一九年八月一日作成、及び同『工作機械製造業ニ於ケル生産実績並ニ生産効率』昭和一九年八月八日作成による。
（8）日本産業経済新聞社政経部編［一九四三］、『全国模範工場視察記』（霞ヶ関書房）六八〜六九ページ。
（9）廣慶太郎［一九八七］、『運命に生きて―一経営者の歩み―』（法律文化社）二二一〜二二三ページ。

（10）陸軍兵器行政本部〔一九四四〕、「昭和一七年度　会社概況表」『昭和十九年度改訂　現勢要覧』（同本部）一五ページ所収。
（11）以下、「工場監督概況書　昭和一九年度」（アジア歴史資料センター、Ref. C12121797300、防衛省防衛研究所）による。

# X　戦後改革と企業統治

## 久保田鉄工所を取り巻く経営環境

一九四五（昭和二〇）年一二月二二日の株主総会において、取締役社長久保田権四郎、取締役副社長久保田藤造、専務取締役小田原大造、常務取締役川端駿吾、取締役吉田千束、監査役村上謙三、監査役朝倉乗之輔の役員が選出された。

先にみた一九四四年九月の陣容と比較すると、久保田静一、田中勘七、久保田信博、高橋政蔵、大出利吉、久保田篤次郎が退く結果となった[1]。この体制で戦後をスタートした久保田鉄工所は一九四六年八月に会社経理応急措置法による特別経理会社に指定され、債権者側から住友銀行の野田哲造、戦時金融金庫保管人の鈴木祥枝、及び権四郎社長、小田原専務取締役の四人が特別管財人となって再建計画の検討を開始した。

以後、会社の経理運営はすべて会社経理応急措置法によることとなり、特別経理会社としての整理が完了するまで配当を行うことはできず、経営は大きく拘束されることになった。

一方、戦時補償の打ち切りが実施された一九四六年八月に堺、恩加島、武庫川の三工場が賠償指定を受け、賠償物件として生産設備の保全を命じられた。翌九月に久保田鉄工所は賠償指定の解除申請書を提出した。その結果、工作機械を生産していた武庫川工場第四機械工場の設備を除いて、同年末までに賠償指定が解除されることになった。

続いて一九四七年一二月に過度経済力集中排除法（集排法）が公布され、翌年二月に鉱工業部門では第一次として二五七社が指定を受けたが、久保田鉄工所もその中に含まれ、市場シェアの高い鉄管と石油発動機部門の分割が問題となった。

久保田では鉄管には鋼管やコンクリート管の競合品があり、それらを含めた市場での占有率は一割にすぎないこと、石油発動機もすべての内燃機関を含めると市場シェアは一割弱であることなどを主張する回答書を持株会社整理委員会に提出した。この回答書を提出した後は、増資、設備の移設、役員選任などの重要な経営事項はすべて連合国軍最高司令官総司令部（GHQ／SCAP）の承認を経なければならなかった。その後、集排法は大幅に緩和され、一九四八年末に久保田鉄工所も指定解除の通知を受けた。

また一九四五年末には本社、東京支店、尼崎、恩加島、神崎、堺、武庫川、隅田川の八事業所で労働組合が結成され、翌年二月には全社の統一組織として久保田鉄工所労働組合連合会が誕生した。同年七月に第一回経営協議会が開催された。一方、同年四月には関係会社である第二久保田鉄工所で労働争議が発生したが、労使交渉は難航した。第二久保田鉄工所はその後も再建の目処が立たず、一九四九年に閉鎖されることになった。

一九四六年六月に久保田鉄工所では労使協議制を柱とする労働協約書が締結され、労使一体となった戦後復興が目指されることになった。

こうした経緯をへて一九四九年になると久保田鉄工所は「当社の強み」の一つとして良好な労働事情を挙げ、「当社の従業員は移動率が少く、労働組合は極めて真面目な性格を有し、何等紛擾を見ないのみならず、常に一致協力して技術の向上、能率の増進につとめ、現在既に戦前の能率をはるかに超えて月産二億三千万円の生産をあげてゐる有様であります(2)」と述べるようになっていた。

また特別経理会社の指定を受けて企業再建整備に取り組んでいた久保田鉄工所は、一九四九年一月に企業再建整備法にもとづく認可申請書を大蔵省に提出した。この再建計画が三月に認可されたため、久保田鉄工所は増資を行い、五月末に新旧勘定の併合を行い、七月には特別管財人の登記を抹消し、三年弱に及ぶ企業再建整備を完了することになったのである。

## 企業統治の揺らぎと権四郎の退陣

以上のように特別経理会社指定、賠償指定、過度経済力集中排除法による指定と戦後の久保田鉄工所は相次ぐ指定によって経営権を拘束されていたといえる。労働組合との関係は比較的早くに改善するが、久保田鉄工所が経営権を取り戻すのは一九四九（昭和二四）年以降であった。

小田原大造の証言によると、一九四五年一〇月に権四郎は小田原を本社に呼んで「わしも年をとっている。今後の経営については、あまりしっかりせず、経験のない子供たちだけではうまくゆくまい。どうか君が専務として経営をみてくれ。わしが社長となってはいるが、君に全部まかせるから」と依頼したという。

小田原はいったんこれを拒否したが、三、四度と依頼を受け、権四郎の本宅に呼ばれて「わしを助けると思ってくれ」と懇願されたという(4)。小田原は最後にこの申し出を引き受けるが、先にみた一九四五年一二月の役員新体制の成立にはこうした背景があったのである。(3)

久保田鉄工編『久保田鉄工八十年の歩み』には、社史としては異例であるが、「当社社長即我等ノ御主人ハ、皆様御承知ノ通リ、当社創業以来五十八年努力奮闘、当社今日ノ盛大ヲ来タサシメタル大功労者デアリ、又我国鉄工業界ニ偉大ナル足跡ヲ残サレタ巨人デアル事ハ何人モヨク認メル処デアルガ、今回御高齢ノ故ヲ以テ引退セラレ、椅子ヲ長男静一様ニ御譲リニナル事ニ御決心セラレマシタ」で始まる、小田原大造による「声明書」（一九四七年一二月二九日）が原文のまま紹介されている。

声明書は「御主人若主人共々深ク御諒解下サレテ御快諾下サル運ビトナッタノデアリマス」と続く(5)。しかし権四郎が相談役に退き、静一が社長に就任するのは一九四九年二月二三日であった。

この一年余の権四郎退陣の遅れを、『クボタ一〇〇年』は「二二年末、自らの引退を決意していた久保田社長であったが、集中排除法の指定解除の見通しがつくまで、社長として踏みとどまることにした(6)」と説明している。しかし、この説明には補足が必要である。

持株会社整理委員会証券部業務課が作成した「会社調査表」（一九四七年九月二〇日付）によると、この時の役員構成は社長久保田権四郎（就任は三〇年一二月）、副社長久保田藤造（四五年一二月）、専務小田原大造（四五年一二月）、常務川端駿吾（四五年八月）、常務久保田信博（四六年六月）取締役朝倉乗之輔（四六年六月）、取締役米田健三(7)（四六年六月）、監査役牛尾栄次（四六年六月）、であり、一九四五年一二月からの変化は取締役の吉田千束と監査役の村上が退いて久保田信博が常務、米田と朝倉が取締役、牛尾が監査役に就任したことであった(8)。

一方、戦争末期の一九四五年七月末日に資本金を三六〇〇万円から六三〇〇万円（四八年五月時点の払込資本金は四二七五万円）に増資した久保田鉄工所は、四八年一〇月一日に一億三三〇〇万円、四九年五月一五日に二億八〇〇〇万円へと相次ぐ増資を行なった。

なお一億四七〇〇万円を増加して資本金を二億八〇〇〇万円に増資することを決定したのは、権四郎の辞任五日後の二月二八日の臨時株主総会であった(9)。一九四八年一〇月の増資（一四〇万株、七〇〇〇万円）のための「目論見書」によると、同年九月二〇日現在の役員とその株式保有状況は**表12**の通りであった。

表12　久保田鉄工所役員・株式保有状況（1948年9月20日時点）

| 役名 | 職名 | 氏名 | 保有株式数 |
|---|---|---|---|
| 取締役社長 | | 久保田権四郎 | 48,025 |
| 社長代行取締役 | | 久保田静一 | 29,670 |
| 取締役副社長 | | 久保田藤造 | 26,720 |
| 専務取締役 | | 小田原大造 | 2,325 |
| 常務取締役 | 企画部長 | 川端駿吾 | 2,950 |
| 〃 | 財務部長 | 久保田信博 | 26,275 |
| 〃 | 武庫川工場長 | 田中勘七 | 3,925 |
| 〃 | 東京支店長 | 朝倉乗之輔 | 580 |
| 〃 | 総務部長 | 牛尾栄次 | 4,435 |
| 取締役 | 隅田川工場長 | 米田健三 | 300 |
| 〃 | 営業部長 | 桑原卯左衛門 | 3,860 |
| 〃 | 堺工場長 | 柳生種治郎 | 3,310 |
| 常任監査役 | 監理部長 | 井上寅次 | 4,515 |
| 監査役 | 生産部長 | 側島四郎 | 300 |
| 〃 | 恩加島工場長 | 竹中哲哉 | 7,760 |

［出典］ 久保田鉄工所「目論見書」昭和23年9月20日（アジア歴史資料センター、Ref. A04030119400、国立公文書館）。

この時「社長代行取締役」として久保田静一が登場している。一九四二年一二月から四五年一二月まで副社長を務めたにもかかわらず、四五年一二月の新役員にも四七年九月の「会社調査表」にも出てこなかった久保田静一がここで登場し、四九年二月の権四郎の退陣、相談役就任を受けて静一が新社長に、藤造が副社長に就任するが、その他の重役陣の布陣は**表12**のままであった[10]。権四郎の社長退陣は一九四八年九月にはすでに決定していたのである。

また「目論見書」は「従来当社株主は社内関係縁故者が大部分を占めて居りましたが、昭和十四年八月資本金二、四〇〇万円に倍額増資と共に株式を公開して以来徹底的な株式分散を行いまして、昭和二十三年七月現在では、株主数約二、八〇〇名であり、株主中資本金の一割以上の株式所有者はありません」と説明しているが、権四郎とその子息（静一、藤造、信博）の株式を合わせると一三万六九〇株に達し、総株式一二六万株の一〇・三七パーセントに達した。[11]久保田一族の持株比率が急速に低下するのは、その後の相次ぐ増資によってであった。

一九四九年二月に第二代社長に就任した静一は、同年末に健康上の理由から社長を辞任し、翌年一月には五九歳の小田原大造が第三代社長に就任する。小田原は一九六七年一二月に会長に就任するまで一八年間社長を務めた。また副社長の藤造も、一九五〇年五月に退いて会長に就任する。藤造の会長就任は小田原に引き継ぐまで続くことになる。なお信博の常務取締役は一九六〇年一二月までであった。

権四郎が相談役に退いて五年後の一九五四年に久保田鉄工取締役会長の久保田藤造は父の足跡を語ったのち、最後に「私は大正十年（早大政経卒）からの参加に過ぎず、今更に創業者としてのオヤジの七十年の苦闘の前には忸怩たるものがあるのであります[12]」という文章で結んでいる。「忸怩」の内容は藤造しかわからないが、久保田鉄工における企業統治が安定をみたこの時期、藤造の頭に去来するものは何であっただろうか。なお久保田鉄工所は一九五三年六月に久保田鉄工に社名変更するが、その理由として、社債発行申請に際して大蔵省の担当者が「何アんだ、鉄工所が社債を出すのか」と訝ったというエピソードが紹介され、「もう町工場ではないぞ」という自負が社名変更の背景にあったという。[13]

しかし、社名変更が戦前以来の権四郎が生み出し育てた権四郎の企業であった久保田鉄工所への訣別であったように思うのはうがちすぎであろうか。

## 戦後直後期の資金調達

久保田鉄工所は一九四八（昭和二三）年六月に、資本金六三〇〇万円のうちの未払い込み資本金二〇二五万円を徴収して全額払い込み済みとするが、これでも焼け石に水であった。戦後も住友銀行への借り入れ依存は続き、久保田鉄工所は同行道頓堀支店貸出先の最大手となった。住友銀行からこれ以上の借り入れが不可能となった時、小田原大造専務と廣慶太郎財務課長が奔走した結果、安田（富士）銀行からの融資七五〇〇万円が実現することになった。

この時の交渉において、小田原専務は担保物件がないという銀行に対して、「私の体を担保にするから、金を貸していただきたい」と言ったという。この言葉に感激した難波支店長が本店と掛け合い、最後に銀行の常務取締役三名の前で二日間説明して七五〇〇万円（三〇〇〇万円と四五〇〇万円の二回分）の融資が実現した[14]。

先にみた一九四八年一〇月の増資資金七〇〇〇万円（手取金は六七一〇万円）の使途は、旧戦時金融金庫借入金返済、戦時補償特別税、住友銀行借入金返済、及び運転資金であった[15]。したがって安田銀行からの七五〇〇万円がまさしく「干天の慈雨」となったのである。また注目すべきは、借入交渉時の小田原の行動である。ほとんど所有者型経営者のような行動であり、久保田鉄工所の実質的経営者がこの時、誰であるかを物語るような行動であった。

## 戦後の生産状況

久保田鉄工所では船出町工場が約八〇パーセント焼失したため、布施工場（第二久保田鉄工所所有）を一時借り受け、残存設備を移して衡器の生産を継続したが、一九四八（昭和二三）年一一月に船出町工場が復旧すると設備を戻すとともに恩加島工場の衡器生産設備も船出町工場に移して衡器の集中生産を行なった。その他の工場の戦災損耗は軽微で、生産に支障はなく、終戦後ただちに操業を開始した[16]。

戦後の久保田鉄工所は武庫川、尼崎、恩加島、鋳鋼、船出町、堺、隅田川の七工場体制で生産復興に取り組んだ。一九四九年三月期の製品別生産高をみた**表13**によると、鋳物関連製品七億三七三九万円に対して、機械関連製品は四億九八四一万円であった。鋳物関連製品の中では鋳鉄管、鋼塊鋳型、一般鋳物の順であり、機械関連製品では小型石油発動機が依然として大きな割合を占めた。

発動機生産を担当する「堺工場は東洋一を誇る発動機専門工場で、アメリカ経済使節団も感服した位の流れ作業を実施して年産二五、〇〇〇台の実績を挙げて」いた。また久保田は同社の優位性の一つとして「戦時中の業態と戦後の業態とに基本的に変化が」ないことを指摘し、「軍需品の製造から急に他の業種に大転換を余儀なくされた他の多くの会社とは甚しく趣きを異に致し

**表13　製品別生産高（1948年10月～49年3月）**

（千円）

| | 製品別 | 生産額 |
|---|---|---|
| 鋳物関連製品 | 鋳鉄管 | 354,541 |
| | 鋼塊鋳型 | 125,556 |
| | 発動機鋳物 | 60,010 |
| | 化学機械鋳物 | 44,328 |
| | 一般鋳物 | 93,102 |
| | 合金鋳物 | 14,266 |
| | 鋳物 | 40,264 |
| | その他 | 5,327 |
| | 小計 | 737,394 |
| 機械関連製品 | 小型石油発動機 | 287,662 |
| | 耕耘機 | 26,520 |
| | 衡器 | 81,396 |
| | 燃焼機 | 7,627 |
| | 制水弁 | 15,883 |
| | 巻上機 | 47,936 |
| | その他 | 31,437 |
| | 小計 | 498,411 |
| | 合計 | 1,235,805 |

［出典］　久保田鉄工所『会社概要』1949年5月、21～22ページ。

**表14　会社別鋳鉄管生産状況**

（トン）

| 年度 | 久保田鉄工所 | 栗本鉄工所 | 東洋精工業 | 細野鉄工 | 武蔵鋳造 | 九州鋳鉄管 | その他 | 合計 |
|---|---|---|---|---|---|---|---|---|
| 1946 | 6,543 | 3,517 | | 30 | | | 106 | 10,196 |
| 1947 | 15,504 | 6,603 | | 116 | 54 | 20 | 526 | 22,823 |
| 1948 | 28,575 | 11,348 | 700 | 879 | 447 | 420 | 1,415 | 43,784 |
| 1949 | 43,607 | 19,726 | 1,546 | 1,250 | 766 | 692 | 1,461 | 69,048 |
| 1950 | 67,663 | 26,906 | 5,004 | 1,768 | 1,099 | 1,003 | 2,160 | 105,603 |

［出典］　『金属』（アグネ出版社）第21巻第12号806ページの掲載記事「遠心力鋳造法による鋳鉄管の製造」（1951年12月）。

て居ります」と主張した[17]。

表14にあるように、戦後復興期にも鋳鉄管生産において久保田鉄工所は圧倒的なシェアを占め続けた。一九五〇年に本格的な金型遠心力鋳鉄管を送り出すことができた久保田鉄工所は、翌年には隅田川工場においても金型遠心力鋳鉄管の生産を開始した[18]。

一九五一年三月期の久保田鉄工所の生産動向を『東洋経済新報』は、「事業を大別すると鋳物と機械の二部門に別れ、前者の主力をなす鋳鉄管は全国生産の七割を占めて、栗本鉄工所を大きく引離し、インゴット・ケースは専門メーカーの神戸鋳鉄と覇を競つている。機械部門の中心たる石油発動機もまた、全国生産のトップを占めて他の追随を許さない。しかも当社の多角経営も元は『クボタのイモノ』として定評のある鋳物から発展している。その信用は全製品に亘り、販売を有利にしている。その上、当社の事業は和戦何れの場合にも応じうる。そのために戦後当社の立直りは、他の何処の機械会社よりも早かつたわけで、業績は安定している[19]」と報じた。

権四郎が相談役に退いたこの時期においても、久保田鉄工所は鋳鉄管、石油発動機、鋳物をベースにした生産体制を維持し、それぞれの領域において顕著な業績を上げていたのである。

### 相談役としての権四郎

一九八二（昭和五七）年に久保田鉄工第六代社長に就任した三野重和（一九四八年入社）は、「入社して経理部に配属されて三、四年経った頃のことです。翁は相談役として時々会社にお見えになっておられましたが、たまたま私が電話で工場と製品の不良率の原因調査についてやりとりしているのを通りがかりにお聞きになり『あの若い社員は現場を知らないから工場にいいようにあしらわれている。もっと現場を勉強させなさい』と秘書を通して私の上司に注意されたのです。（中略）それから数日後、思いもかけず、翁がご自宅で丹精をこめて栽培された柿を『あの若い社員にたべさせてやってくれ』とわざわざ会社まで届けて下さったのです」と権四郎の思い出を語っている。[20]

また一九五七年九月にジャーナリストの阿部眞之助との対談において、権四郎は「何しろいまの社長の小田原（大造氏・大阪商工会議所副会頭）君は、うちに入ってかれこれ四十年になりますが、私の意思を生かしてくれる一方、先生は先生の考え方でやってくれますしね。（中略）他の外部の者に社長の椅子を渡すことはでけん気持があったんですが、小田原君なら あたかも子供に渡したようなもので、また小田原君も理解して会社の運営をやってくれるんで心から喜んでいるわけです」と述べている。[21] 終戦後の権四郎退陣までのギクシャクした長い時間の流れを飲み込んで、権四郎はこのように発言しているのである。

一九五九年一一月一一日、八九歳の権四郎は自宅で没した。正五位勲三等旭日中綬章が授けられた。

（1）この役員人事について、一九四六年六月に監査役に就任する牛尾栄次は「小田原大造氏が一人だけ専務になって居られる、と同時に田中氏は二年間常務の職から退いていられる。此の間の事情は今以って推測の域を出でない不思議な〳〵事情があったのであろう」と評している。牛尾栄次［一九七六］、『牛尾栄次従心小史』（私家版）四三ページによる。

（2）竹下百馬［一九四九］、『当社の強み』（久保田鉄工所）七〜八ページ。

（3）帝塚山にあった邸宅の洋館は、大阪軍政部からの命令で大阪師団司令部最高責任者ムーリンズ少将の宿舎に提供され、権四郎は隣接した和館に住むことになった。その後ムーリンズ少将と権四郎は昵懇の間柄となったという。久保田鉄工編［一九七〇］、『久保田鉄工八十年の歩み』（同社）二七一ページによる。

（4）小田原大造［一九六二］、「私の履歴書」『私の履歴書』第一六集（日本経済新聞社）一二六ページ。

（5）以上、前掲『久保田鉄工八十年の歩み』三二三〜三二四ページ。

（6）クボタ社史編纂委員会編［一九九〇］、『クボタ一〇〇年』（同社）九五ページ。

（7）一九二八（昭和三）年東京帝国大学卒業、同年に久保田鉄工所入所（久保田鉄工所［一九五〇］、『社債発行目論見書』五ページ）。

（8）持株会社整理委員会証券部業務課「会社調査表」一九四七年九月二〇日付（アジア歴史資料センター、Ref. A04030119400、国立公文書館）。

（9）久保田鉄工所『第三十三期業務報告書』（自昭和二一年八月一一日 至昭和二四年五月三一日）七、九ページ。

（10）前掲『久保田鉄工八十年の歩み』二七七〜二七八ページ。

（11）久保田鉄工所「目論見書」一九四八年九月二〇日（アジア歴史資料センター、Ref. A04030119400、国立公文書館）。

（12）久保田藤造［一九五四］、「セルフメードの工業家　久保田権四郎」実業之日本社編『事業はこうして生まれた―創業者を語る』（同社）二六四ページ。

(13)前掲『久保田鉄工八十年の歩み』三三八ページ。

(14)以上、廣慶太郎［一九八八］、大阪府「なにわ塾」編『天真にゆだねて』(ブレーンセンター)五六～五七ページによる。

(15)前掲「目論見書」。

(16)前掲『社債発行目論見書』一〇ページ。

(17)以上、久保田鉄工所『会社概要』一九四九年五月、一三、一八～一九ページによる。

(18)『金属』第二一巻第一二号(アグネ出版社)八〇六ページ掲載記事「遠心力鋳造法による鋳鉄管の製造」による。

(19)『東洋経済新報』第二四九〇号(東洋経済新報社)五七ページ掲載記事「増配必至の久保田鉄工」による。同号は一九五一年九月一五日発行。

(20)三野重和［一九九二］、「回顧録の発刊に寄せて」メカリ写真植字(企画・編集)『故久保田権四郎翁の遺徳を偲んで』(故久保田権四郎翁胸像設立世話人会)。

(21)『週刊サンケイ』通巻二九〇号(扶桑社)三一ページ掲載記事「阿部眞之助対談　昨日・今日・明日　久保田権四郎」による。同号は一九五七年九月一日発行。

第二部
論考

# 事業経営における連続と断絶

## 個人経営から法人企業へと移行する歴史の中で

# I　技術蓄積のプロセス

## 産業集積と大阪砲兵工廠の存在

権四郎は大阪府西成郡九条村（現大阪市西区）の黒尾製鋼で年季奉公を終え、次に南区御蔵跡町（現中央区日本橋）の塩見鋳物で腕を磨き、塩見鋳物の近くで独立開業する。その後、近くの高津橋を渡った高津町に移り、さらに南区西関谷町（現浪速区）に移ってからもう一度移転する。西関谷町工場の近くの北高岸町（現浪速区敷津東）に工場を増設し、続いて一九〇八（明治四一）年に本店工場を新設する。

第一部で指摘したように、九条村、御蔵跡町、高津町、西関谷町界隈はいずれも大阪における鋳物工場の産業集積地であった。権四郎は明治期大阪の産業集積地の中で育ったのである。

連年その数を増す機械、鋳物工場の存在自体が権四郎にとって技術的刺激を受ける源泉であり、その中には大阪の代表的工作機械メーカーに成長する若山鉄工所（後の新日本工機）の創業者若山瀧三郎などとの交流もあった。

もう一つの技術蓄積要因として、大阪砲兵工廠の存在が極めて大きかった。徒手空拳の鋳物職人から出発した権四郎が小さな鋳物工場を経営し、舞鶴海軍鎮守府からの大量の異形管受注に関する挫折をへて、一九〇〇（明治三三）年に「立込丸吹鋳造法」を開発する上で、同工廠から様々な影響を受けた。

一九〇二年現在で、大阪砲兵工廠の職工数は三一二〇人、一方大阪最大の民間造船所である大阪鉄工所が一六二三人、汽車製造が三六二人であり、大阪砲兵工廠は大阪における代表的兵器・機械・金属工場として圧倒的な存在感を示していた[1]。しかも兵器工場であるため、戦時には職工数は急膨張し、平時に戻ると急減した。この拡大・縮小過程を通じて、多数の労働者と技術者が、大阪砲兵工廠と民間部門の間を行き来した。

黎明期の久保田鉄工所にとって、「砲兵工廠の鉄管鋳造の経験者から、煉瓦ピットの鋳込みの鋳込み場や分業による量産方式、さらに『合わせ型立吹法』などのノウハウ情報を得た[2]」ことが技術的飛躍の一因となった。大阪鉄工所も一九〇〇年から鋳鉄管製造を開始したが、それに先立って、同工廠に鋳物工を派遣して技術を習得させていた。

大阪には、砲兵工廠で勤務した経験を持つ労働者や技術者が起業した工場や会社は数多くあった。その意味で大阪砲兵工廠は、近代大阪の工業にとって孵卵器の役割を果たしたといえる。

例えば、一九一八（大正七）年に浦江製作所（一九二〇年に日本スピンドル製造所と改称）を開業する桑田権平は、アメリカ留学から帰国後一八九三（明治二六）年に大阪砲兵工廠に入り、一九〇三年まで一〇年間勤務した。大阪砲兵工廠時代に、桑田は同工廠で製造された水道用鋳鉄管の広島市への納入検査に立ち会っている。(3) その後、桑田は川崎造船所、大阪瓦斯をへて独立開業にいたるが、大阪砲兵工廠での経験が、その後の桑田の軌跡を大きく規定することになった。(4)

東洋工業（現マツダ）の創業者松田重次郎も大阪砲兵工廠と深くかかわった。日清戦争時に同工廠に入った松田は、戦後に独立を試みて失敗し、その後長崎三菱造船所、佐世保海軍工廠、呉海軍工廠をへて一九〇六年にふたたび大阪砲兵工廠に入った。こうした経験をへて、松田は一九〇九（明治四二）年に松田式喞筒《そくとう》（ポンプ—引用者注）合資会社、一三（大正二）年に合資会社松田製作所を設立した。さらに松田は一九一五年一〇月にこれとは別に株式会社松田製作所を設立した。膨大なロシア向け信管受注が松田製作所設立の契機であった。同製作所は一六年一二月に日本兵機製造となり、ロシア向け信管を始めとする兵器生産に邁進するものの、他の重役陣との対立から松田は退任し、郷里広島に帰ってふたたび松田製作所を設立する。(5)

ダイキン工業の創業者山田晁も、一九〇八（明治四一）年に大阪砲兵工廠薬莢製造所に入り、一八（大正七）年に薬莢工具工場長、薬莢本工場の工場長をへて、一九年に退廠し、その後神戸製鋼所、東洋鑪伸銅をへて、二四年に大阪金属工業所を設立する。(6)

第一次世界大戦直前になると、大阪砲兵工廠における鋳鉄管生産が民業圧迫であるとして、同工廠での生産中止を希望するまでに成長する民間鋳鉄管業者であったが、主要鋳鉄管メーカー五社のうち久保田鉄工所、栗本鉄工所、大阪鉄工所の三社（他は東京堅鉄製作所及び釜石鉱山田中製鉄所）が大阪に立地したこと自体が、大阪砲兵工廠との深い技術的繋がりを示すものといえよう。

久保田鉄工所は、鋳物産業集積と大阪砲兵工廠という二つの孵卵器によって育まれ、黎明期の技術的基礎を築き上げることができたのである。

## 学卒技術者の採用と新技術開発

現場で育ち、明治末には大阪を代表する企業の経営者になっても、権四郎は現場を離れなかった。一九一九（大正八）年と二七（昭和二）年の海外視察の際にも、権四郎は鋳物・鉄管に関する新技術の吸収に夢中になっている。

一九三〇年に井口庄之助大阪工業大学教授、大井清一京都帝国大学教授らとの座談会に出席した権四郎は、「欧米の鋳鉄管工場を廻りましたが、どうも銑鉄は私共の造って居るものとは相当に違つて居る様に思ひますが、強さは外国のものは八噸位であるが国産品は一〇噸もありまして粘さも確に此方のものゝ方が粘い」、「従来の鉄管と今度の強力鉄管との腐蝕に就いての比較表を御目にかけた次第です」、「普通の鋳物は一分五厘位のものは出来ますが、夫れでは取付管の捻子の植付けが難しいと云ふことで、従来の鉄管が三分なれば之れは二分で良いと云ふ計算が出て居ります」といったように一貫して技術的問題について積極的に発言している。[7] 鋳鉄管に関して、権四郎は還暦を迎えてもまだまだ現役であった。

またすべての解決手段は現場にあるという徹底した現場主義こそ、権四郎の信条であった。しかし学問的トレーニングの経験のない権四郎にとって、特に冶金学や機械分野における技術改善、新技術開発は次第にみずからの能力を超えたものになっていったように思われる。

権四郎の現場主義の限界を補い、新たな技術的飛躍へと導いたのが、最初は片岡帝一のような現場上がりの技術者であり、次に久保田篤次郎、朝倉乗之輔、村上謙三、田中勘七、金丸喜一といった学卒技術者であった。金丸は採用時の思い出を、「陸軍の予備将校だった私は、軍服姿にサーベルをぶらさげて、大阪のある料亭で、久保田ご主人（創業者、久保田権四郎翁のこと）の面接テストを受けたことを覚えております。無事にパスいたしまして、機械の技師長を拝命した」[8] と語っている。一九〇六（明治三九）年の初代技師長である内田初太郎の詳細は不明であるが、一九〇八年に京都帝国大学理工科大学機械学科を卒業して久保田鉄工所に入った蔵田次郎は、数年のうちに梅鉢鉄工所に転じた。学卒技術者採用の一つの契機は、第一次世界大戦期の多角化、諸機械生産の開始であったが、それでも権四郎にとって現場を知らない技術者は必要ないのであり、技術者はまず現場で鍛えられなければならなかった。

久保田鉄工所では、戦時期にいたるまで取得した特許のほとんどにおいて、権四郎が「発明者」であり、同時に「特許権者」であった。権四郎以外の発明者は片岡帝一、金丸喜一、川端駿吾の三名にとどまった。

戦間期は個人による発明から「発明の法人化[9]」へと進む時期であるが、久保田鉄工所での新技術開発における権四郎の役割の実態、所員が発明した場合の権四郎への特許権譲渡のルール、発明者への褒賞金の実態はよくわからないものの、還暦を過ぎても権四郎が新技術開発に関与したことは確かであろう。

大阪機械工作所の特許に関する「譲渡証」がある。「右特許ハ拙者ノ所有ニ有之《これあり》候処今般之ヲ貴殿ニ譲渡候事相違無之《これなく》候也」といった文面の譲渡証を交わして、特許が発明者個人から大阪機械工作所に移ったことがわかる[10]。久保田鉄工所では発明者が所員の場合、その権利を権四郎に譲渡する場合にこうした手続を踏んだのかどうか知りたいところである。

戦間期の紡織機工業を代表するのが二つの豊田、すなわち豊田式織機と豊田自動織機製作所であった[11]。三井物産大阪支店長藤野亀之助の提案で一九〇七（明治四〇）年に豊田式織機（社長は大阪合同紡績社長の谷口房蔵）が設立されるものの、常務取締役技師長であった豊田佐吉は一三（大正二）年に同社を離れ、一八年に豊田紡織、二六（大正一五）年に豊田自動織機製作所を設立する。豊田自動織機製作所の取締役社長は豊田利三郎（佐吉の娘婿）、常務取締役は豊田喜一郎（佐吉の長男）であった。

豊田式織機と豊田自動織機製作所に続く紡織機企業が遠州織機、大阪機械工作所、大阪機械製作所、野上式自動織機などであったが、こうした企業では発明のほとんどが一個人によってなされたのに対して、両豊田社には学卒技術者の分厚い層が存在した。その意味で久保田鉄工所は両者の中間に位置したといえよう。

豊田佐吉も、権四郎と同様にあくまで現場での発明行為に執着した人物であったが、豊田自動織機製作所には佐吉とともに喜一郎（一九二〇年に東京帝国大学工学部機械工学科卒業）を中心とする研究開発を担う技術者集団が存在した[12]。

久保田鉄工所において、豊田喜一郎に比肩される人物が久保田篤次郎（一九一二年に大阪高等工業学校機械科卒業）であった。権四郎に見込まれ、長女の静江と結婚して婿養子となった篤次郎は、一九一六（大正五）～二一年頃には「いろいろの機械工業を手がけましたが、元来鋳物が大好きでした。（中略）私自身もシリンダー・ブロックを何個か吹いてみましたが、オシャカばかり出したことを覚えています。それで私はオシャカを少なくするために、燐を多く使うことを考えました。燐は湯流れをよくする作用があるからです。幸いにこれが成功して、私は鋳物が上手という評判を得ました[13]」という状態であったが、一九一九年一二月の実用自動車製造の設立がその後の篤次郎の歩みを決めることになる。

戦時期にも久保田鉄工所の監査役を務めた篤次郎であったが、実用自動車製造の挫折以後、久保田鉄工所の技術を主導したわけではなく、その意味で権四郎にとって当初の期待通りにはいかなかった。久保田を離れた篤次郎はその後、日産自動車常務取締役、満洲工作機械社長、関東工業社長などを兼務した。

久保田篤次郎

帝国大学卒、高等工業学校卒の技術者が次第に増えていっただけでなく、久保田鉄工所では彼らと職工を繋ぐ立場にある工業学校卒の技術者も増加した。

一九二九（昭和四）年調査によると、大阪府立今宮職工学校卒業生の就職先順位は自営五七名、久保田鉄工所二一名、入営一一名、大阪砲兵工廠一〇名、福助足袋一〇名、汽車製造九名の順であり、船出町工場に近い今宮職工学校卒業生にとって、久保田は最大の就職先になっていたのである。[14] 一九三四年時点では、久保田鉄工所の大学卒技術者は四名、高等工業学校卒は一八名であり、同時期の栗本鉄工所では大学卒四名、高等工業学校卒五名であり、両社の間には学卒技術者の蓄積において相当の差があった。[15]

**技術導入**

一九二〇年代に入っても、鋳物、鋳鉄管関係の新技術開発に意欲を燃やした権四郎であったが、同時に外国からの技術導入にも貪欲であった。

最初の海外渡航で、権四郎はド・ラボー式特許を三五万円で購入し、一九二一（大正一〇）年に同特許を活用するために、栗本鉄工所と津田勝商店との共同で特許鋳鉄管合名会社を設立し、二三年には小口径ながら日本初の鉄管遠心力鋳造に成功するものの、熱処理上の問題を克服できず、結局、市販にはいたらなかった。

みずからが購入した特許を、競争会社の栗本鉄工所と共同で事業化しようとした背景には、有力他社との協調が価格安定の上からも不可欠との判断があったものと思われる。

続いて、二人の技術者を同道した一九二七（昭和二）年の海外視察では、権四郎はドイツのランツ社からパーライト鋳物の特許権を購入した。この時、競合技術にエンメル社のエンメル鋳鉄があったが、実見するや即座にその問題点を見抜いた権四郎は、執拗な売り込み工作にも動じず、逆にランツ社では、相手が特許価格を提示する前に購入を申し出たという[16]。

一九二七年のドイツ訪問の際に、権四郎はマンハイムから尼崎工場長の五島俊吉に葉書を送り、「当国に於ても二三の一流鋳鉄管工場を細かに見学仕《つかまつ》り候処製造方法の大体は英国と大差なけれども設備並に作業方法共仔細なる点迄留意しすべてを科学的に処理せんとする処並にこの国民一流の勤勉にしてうまざる処と相まって英国のそれに比し確に一歩を先んじ吾々としても大に学ぶべき幾多の点を有し居り[17]」との感想を伝えている。

さらに、その後の久保田鉄工所にとって大きな意味を持ったのが、一九三四年のアメリカン・キャストアイアン・パイプ社からの鉄管の砂型遠心力鋳造法の製造権、及びユナイテッド・ステイツ・パイプ社からの金型遠心力鋳造法の製造権の購入（契約主体は隅田川精鉄所）であった。

前者の技術は、まず満洲久保田鋳鉄管で実用化され、一九四一年には武庫川工場に砂型遠心力中管工場が竣工する。続いて後者の技術を活かした金型遠心力鋳鉄管工場の建屋が、一九四三年に武庫川工場に完成するものの、戦災によって生産に至らず、金型遠心力鋳造法による生産は戦後に持ち越された。

また久保田鉄工所では石油発動機に続いて、一九三〇年代にディーゼルエンジンが重要製品に成長するが、その過程でズルツァ社、ランツ社、ボッシュ社からの技術が採用された。

## 製品多角化の遺産

約一〇年間の格闘の後、久保田鉄工所が自動車生産から撤退したことをすでに指摘した。しかし実用自動車製造の恩加島工場は、久保田鉄工所の機械生産、特に石油発動機生産に大きな影響を与えた。開業当初の恩加島工場における九二台の設備工作機械は、そのほとんどがアメリカ製工作機械であり、材料もアメリカから輸入した。

「大阪砲兵工廠や造船所などから有能な技術者を一三人ほど雇い入れました。鋳物に三人、焼入れに一人、機械加工四人、仕上げ一人、研磨工場に二人、板金に二人で、塗装は民間から専門家一人を雇いました。大阪砲兵工廠は自動車の国産化のためということで、快く技術者を出してくれました」[18]といった実用自動車製造恩加島工場が、石油発動機の重要部品の生産を担当したことの意義は大きかった。精密な自動車部品の量産経験を積んだ恩加島工場の存在が、今度は石油発動機の高品質を支えたのである。
しかも小型石油発動機の試作機が完成すると、片岡帝一工場長みずからが農事試験場に出向いて製品の改良・修正作業に参加するなど、久保田鉄工所はユーザーの声に耳を傾けることを忘れなかった。

### 研究組織の整備

一九一九（大正八）年に尼崎工場内に研究室が設けられ、三一（昭和六）年には別館が建設されて研究部が設置された。続いて一九三六年に、久保田鉄工所では機械部と鋳物部からなる研究所が設置された。

一九四〇年の研究所の陣容は、田中勘七研究部長、河井貞一研究係長、彌吉正人試験係、助手六名、その他七名、合計二二名であった。鋳物部の研究事項は「インゴットケースの研究」（担当：井本）、「工作機械鋳物の研究」（山本）、「鋳鉄管製造方法の研究」（河井）、「特殊鋳鉄の研究」（岡本）などであった[19]。

一九四三年初頭では、船出町工場におかれた研究所機械部（機関長は片岡帝一）の規模は年度経費一九・一万円、人員五三名であり、尼崎工場に設置された研究所鋳物部（機関長は田中勘七）の年度経費は一九・七万円、人員二七名であった[20]。一方、一九四三年の技術部は年経費二五・一万円、人員は研究員が八名、労働者が九三名の規模であった[21]。現場志向を大きな特徴とした久保田鉄工所であったが、戦時期になると相当大規模な研究開発組織を有するようになっていたのである。

一方、一九三五年に設立された満洲久保田鋳鉄管にも、四一年五月に試験室が設置された。主任技師斎藤日露英の下に、試験係二名、分析係二名、顕微鏡係一名が配置され、一九四二年度の主な研究項目は、鋳鉄管並びに一般鋳物製品の材質改善であった。同試験室は久保田鉄工所の研究室と連繋しており、委託研究先の主任技師は見須二朗であった(22)。

また久保田鉄工所研究所機械部では、アクロ式小型農業用ディーゼル機関に様々な代用燃料を使用してその比較試験を行なった。その結果、動物油や植物油が代用燃料として十分使用可能であり、その場合、冬季には燃料温度を予熱する装置が必要であることを確認していた(23)。

(1) 沢井実[一九九〇]、「機械工業」西川俊作・阿部武司編『産業化の時代 上(日本経済史4)』(岩波書店)二二一ページ。
(2) クボタ社史編纂委員会編[一九九〇]、『クボタ一〇〇年』(同社)一七ページ。
(3)「広島市参事会ヨリ桑田技師、報酬金送付ノ分下付之儀ニ付伺」(アジア歴史資料センター Ref. C07050821900、陸軍省大日記、防衛省防衛研究所)。
(4) 桑田権平については、沢井実[二〇一一]、「桑田権平と日本スピンドル製造所」『大阪大学経済学』第六一巻第二号(大阪大学経済学会・大学院経済学研究科)参照。
(5) 松田の軌跡については、松田重次郎[一九五一]、『工場生活七十年』(松井修二郎)参照。同書は畑耕一[一九五八]、『東洋工業と松田重次郎』(東洋工業株式会社)に再録されている。

(6) 山田晃をはじめとする大阪砲兵工廠と民間部門との関係については、三宅宏司［一九九三］、『大阪砲兵工廠の研究』（思文閣出版）三六七〜三九五ページ参照。

(7) 『エンジニアー』第九巻第七号（都市工学社）二四〜二五、二八ページ。同誌の掲載記事「鋳鉄管座談会」による。同号は一九三〇年七月発行。

(8) 牛尾栄次［一九七六］、『牛尾栄次従心小史』（私家版）二九三ページ。

(9) 「発明の法人化」については、谷口豊［一九八五］、「戦間期における日本紡織機械工業の展開—綿紡織機械工業の研究開発—」『産業経済研究』（久留米大学産業経済研究会）第二六巻第一号参照。

(10) 同前谷口論文［一九八五］、四五〜四六ページ。

(11) 戦間期の紡織機工業については、沢井実［二〇一五］、『機械工業』（日本経営史研究所）第四章第一節「戦前期」参照。

(12) 和田一夫・由井常彦［二〇〇二］、『豊田喜一郎伝』（名古屋大学出版会）第四章、第五章参照。

(13) 久保田篤次郎［一九七五］、「ゴルハム式三輪車からダットサンまで」社団法人自動車工業振興会編『日本自動車工業口述記録集』自動車史料シリーズ（二）、五九〜六〇ページ。

(14) 沢井実［二〇一三］、『近代大阪の産業発展—集積と多様性が育んだもの—』（有斐閣）一一三ページ。

(15) 内田星美［二〇〇一］、「昭和九年の技術者分布」『技術史図書館季報』第一六号二〇、二四ページ。

(16) 挾間祐行［一九四〇］、『此の人を見よ—久保田権四郎伝—』（山海堂出版部）一四二〜一五六ページ。

(17) 久保田権四郎［一九二七］、五島俊吉宛葉書。

(18) 後藤敬義［一九七五］、「ダットサンの量産化と技術革新」前掲『日本自動車工業口述記録集』自動車史料シリーズ（二）、七五ページ。

(19) 日本学術振興会編［一九四〇］、『全国試験研究調査機関要覧』第三編〈工業篇〉（同会）一二三ページ。

(20) 技術院第一部第二課『部門別全国私立研究機関一覧（案）』昭和一八年二月二八日、二七ページ。

(21) 技術院研究動員部『全国官民研究機関一覧(年度経費拾万円以上)』昭和一九年一〇月(一九四三年九月一日時点調査)。
(22) 国務院総務庁企画処第二部科学審議委員会編[一九四三]、『満洲科学技術要覧』(科学審議委員会)一七三ページ。
(23) 金丸喜一・高淑人[一九三八]、「アクロ式小型農業用ヂーゼル機関の一試験」『農業機械学会誌』第二巻第二号(農業食料工学会事務局)。

# II　多角化の論理

## 工作機械生産

　第一次世界大戦期に入って、銑鉄価格の暴騰に影響されて鋳鉄管需要が減退するようになると、久保田鉄工所にとって鋳物技術を活かした製品多角化が残された選択肢であった。工作機械を選択したことは理にかなった判断であったといえる。

　海軍工廠から現場叩き上げの技術者を採用し、設備機械の多くは優秀な外国機であり、さらに学卒技術者も雇用した。こうして久保田鉄工所の船出町工場は短期間で、大阪を代表する工作機械工場となった。

　交戦国であるドイツからの工作機械輸入は途絶し、「本年（一九一五年―引用者注）輸入セシハ重ニ米国製ナリ英国品ハ自国砲弾ノ製造用ニ本邦製旋盤ヲ買入レシモノ少ナカラサリシ程ニテ本邦へ輸入ノ余地ナカリキ[1]」状態であり、頼みのアメリカからの輸入も納期の遅れが目立った。こうして外国製工作機械の輸入が大きく制約された第一次世界大戦期に、久保田をはじめとして工作機械生産に参入した各社は、資材不足に悩みながらも業績を大きく伸ばした。しかし"feast or famine industry"（饗宴か飢餓かに振れる産業）と称された工作機械工業の需要の振幅は凄まじかった。

資本財中の資本財である工作機械に対する需要は、工場稼働率の上昇で対応できなくなった時に発生し、逆に景気後退時には真っ先に発注が手控えられる。それはアメリカでもイギリスでも同様であり、アメリカではピーク時の一九一八（大正七）年の工作機械出荷額二億二一〇〇万ドルは、二一年には三六〇〇万ドルにまで後退し、イギリスを代表する工作機械メーカー兼商社のアルフレッド・ハーバート社の売上高は一八年に三〇九万ポンドだったのが、二一年に九六万ポンド、二二年に七八万ポンドと激落した[2]。

こうした工作機械需要の激しい振幅を、軍需が緩和することはなく、むしろ増幅した。ワシントン軍縮会議によって海軍からの工作機械需要が激減し、船舶需要が減少する一九二〇年代にアメリカからの古船輸入が増加すると、日本の造船所に対する新船発注は激減した。

例えば、第一次世界大戦中に造船ブームを謳歌した大阪の〝川筋〟造船所であったが、一九二〇年恐慌後になると「一時造船所で川岸といふ川岸を全部埋めて居た尻無川、木津川の沿岸を休戦に引続く経済界の動揺で将棋倒しに大部分の造船所が閉鎖休業、縮少を行[3]」うといった状況を迎えていた。

工作機械工業も長期の低迷を余儀なくされた。「華府会議後ハ造船界ノ萎摩最モ甚シク次第ニ各種鉄工業ニ波動ヲ及ホシ、茲《ここ》ニ工作機械ノ新規需要絶無ノ状態トナリシカハ、工作機械ヲ製造スルモノハ遂ニ経営難ニ陥リ前途ノ見込立タス、再ヒ戦前ノ雑種機械製造ニ転業スルモノ多ク極度ノ不振ニ陥レリ」(4)といった状況の中で、各経営は長期的な低迷を余儀なくされた。

第一次大戦期に大阪を代表する工作機械メーカーであった作山鉄工所、城東製作所、安田鉄工所は廃業し、一九二八(昭和三)年に若山鉄工所も倒産した。

久保田鉄工所は、一九二〇年代半ばに工作機械生産の中止を決定する。工作機械業界における五大メーカーである池貝鉄工所、大隈鉄工所、唐津鉄工所、東京瓦斯電気工業、新潟鉄工所のうち工作機械専業メーカーは唐津鉄工所一社であり、他の企業では総生産高に占める工作機械の割合は様々であったが、いずれも兼業生産を行なっていた。

それでは、兼業生産の中で工作機械の占める割合の小さい東京瓦斯電気工業と新潟鉄工所が一九二〇年代の低迷する市況に直面しながら工作機械生産を手放さなかったのに対し、久保田はなぜそうした経営判断を下さなかったのだろうか。

東京瓦斯電気工業及び新潟鉄工所は、戦間期日本を代表する総合機械メーカーであった。その一方、一九二〇年代には需要が回復した鋳鉄管という基軸商品があり、それをベースにして諸機械生産の一つとして工作機械生産に参入した久保田鉄工所は事情が違っていたように思われる。

東京瓦斯電気工業及び新潟鉄工所にとって、工作機械生産は生産の多角化の中で中枢的位置にあったのである。

また軍官需との繫がりの面でも、東京瓦斯電気工業と新潟鉄工所は少なくなったとはいえ、軍工廠・鉄道省向け工作機械生産を継続することができたのに対し、久保田の軍工廠向け生産はいったん途絶した。久保田と同じように、第一次世界大戦期に工作機械生産を積極化した汽車製造も、一九二〇年代には普通旋盤の生産を中止していた(5)。

## 石油発動機生産

自動車生産は、別会社である実用自動車製造に委ねたが、一九二〇年代初頭の久保田鉄工所は、工作機械に代わる基軸的機械製品を見出す必要があった。

権四郎自身は当初積極的ではなかったようであるが、商社からの強い慫慂《しょうよう》もあって久保田鉄工所は小型石油発動機生産を開始した。鋳物技術を活用でき、自動車生産と工作機械生産で培った機械加工技術、量産技術を武器にして、石油発動機は急速に販路を拡大した。その際には、農事試験場という使用者の立場をよく理解した公的機関からの支援も重要な役割を果たした。

一九二〇年代後半に一挙にその規模を拡大した小型石油発動機市場であったが、そこでは中小メーカーを含めた猛烈な価格競争が展開され、各社の収益率は低迷し、久保田鉄工所も例外ではなかった。

一方、一九三〇年代前半までのラジオ産業では、中小零細企業による粗製濫造的な競争が、社内での研究開発機能を充実させつつあった有力企業を駆逐してしまった。一九三〇年代半ば以降になると、ラジオ産業のダイナミクスが転換し、寡占的企業が競争を通じて進化するようになる[6]。一時期のラジオ生産と同様に泥沼の価格競争によって技術的前進の展望を失う可能性は、石油発動機生産にもあったように思われる。

そうした中で、戸畑鋳物が発動機部門からの撤退を決定し、一九三三（昭和八）年に、同部門を久保田鉄工所に売却したことの意味は大きかった。第一部でみたように、一九三三年の三菱商事のトバタ発動機取扱額が五五万円、同年の久保田鉄工所機械部の売上高が六九万円であったことを考えると、久保田がトバタ発動機を継承したことは決定的意義を有したといえよう。同時に、久保田は自動車生産から撤退したわけであるが、その判断がその後の久保田のあり方を決定づけたといえよう。

## 機械鋳物をはじめとする各種鋳物製品の生産

「鋳物のクボタ」は鋳鉄管にとどまらず、機械鋳物、鋳型など鋳物の強みを活かした各種鋳物製品を生産した。この製品多角化は技術的リスクが小さく、鋳物を中心とした水平展開であった。一九三三（昭和八）年から三七年にかけて拡張を続けた恩加島工場では、製品や材質に応じて鋳造工場が専門化した。

また恩加島工場の斜め向かいにあった大同鉄工所を買収して鋳鋼工場としたが、ここでは専門企業のいる普通鋳鋼だけでなく、特殊鋳鋼に重点を置いた。さらに一九三八年七月に、隅田川精鉄所を合併して鋳鉄管生産、鋳造能力を拡大した久保田鉄工所は、四一年一〇月に武庫川工場に砂型遠心力中管工場を完成させた。

**垂直統合の試み**

一方、鋳鉄管、鋳物製品の原料である銑鉄自給を目指して、久保田鉄工所は製鉄業への進出を二度試みたものの、いずれも目標を実現することはできなかった。鉄不足に悩まされた第一次世界大戦末期の一九一八（大正七）年九月に、尼崎工場の隣接地に関西製鉄が設立されたが、会社設立から二ヵ月後に戦争が終結し、インドやヨーロッパからの鉄鋼輸入が増加すると、同社に競争力はなく、二〇年末に休業閉鎖された。

二度目の試みは、日中戦争勃発直後の一九三七（昭和一二）年八月に、尼崎製鋼所と久保田鉄工所の折半出資で設立された尼崎製鉄であった。三五〇トン高炉が竣工するのは、一九四一年六月であったが、溶銑を直接鋳造して遠心力鋳鉄管を製造するという権四郎の夢が実現することはなく、尼崎製鉄が生産する銑鉄は経営者の手を離れて国家によって供給先を統制されることになった。

こうして垂直統合の試みは二回とも失敗に帰したが、その原因はいずれも第一次世界大戦の終結、戦時経済統制の深化という個別企業の経営戦略を超えた経営環境の激変に規定されたものであった。

## 製品多角化の論理

不況に強い鋳鉄管という基軸商品の優位性を維持しえた久保田鉄工所にとって、第二の柱としての機械製品に何を選択するかが大きな課題であった。その意味で、銑鉄価格の高騰、入手難に規定されて鋳鉄管需要が大きく落ち込んだ第一次世界大戦期に、工作機械を選択したことは極めて合理的な判断であった。しかし工作機械需要の振幅は激しく、一九二〇年代半ばに、久保田鉄工所は工作機械生産の中止に追い込まれる。

工作機械に代わる機械製品は、自動車と石油発動機であった。約一〇年に及ぶ自動車生産との格闘は、大きな回り道であったようにみえるかもしれないが、久保田は自動車生産で学んだことを石油発動機生産に注ぎ込み、さらに同時に鋳鉄管、その他鋳物製品の自主開発、技術導入も怠らなかった。

権四郎の非凡さは、他の経営者が思いもつかないような革新技術を継起的に生み出したことにあるのではなく、直面した経営環境の中でなすべき選択を行い、その選択の結果がもたらす負の影響をプラスに転じる粘着力にあったといえる。

みずからの経験を信じ、一方でその限界を超えるために専門家の声に耳を傾けつつ、同時に生産現場、ユーザー双方からの意見を尊重した点に権四郎の類い稀な経営者力能があった。

鋳物職人が経営者として成長する過程で、権四郎は職人としての矜持とともに、その自負を絶えず相対化する視点を確保していた。絶対的なワンマン経営者でありながら、一人で決断することの危うさを、可能な限り軽減する努力を怠らなかった点で、権四郎は「開かれたワンマン」であった。

(1) 大蔵省主税局編［一九一六］、『大正四年外国貿易概覧』七二五ページ。
(2) 沢井実［二〇一三］、『マザーマシンの夢―日本工作機械工業史―』(名古屋大学出版会) 四二六ページ。
(3) 「木津尻無川両岸の造船所が将棋倒し」『大阪毎日新聞』一九二〇年七月二三日 (神戸大学附属図書館新聞記事文庫)。
(4) 大阪府内務部編［一九二四］、『大阪府工業概要』(同部) 九六ページ。
(5) 汽車製造編［一九四一］、「工作機械御採用先機種別一覧表」。
(6) 平本厚［二〇一〇］、『戦前日本のエレクトロニクス―ラジオ産業のダイナミクス―』(ミネルヴァ書房) 第一章「ラジオ産業の形成」参照。

# Ⅲ　労使関係の構築

## 労働運動の台頭

一九一二（大正元）年八月に、鈴木文治を中心として労働者の修養・親睦団体である友愛会が結成された。第一次世界大戦期の労働需給の逼迫を背景に、同会は労働組合としての性格を鮮明にしつつ、急速に勢力を拡大し、一九年八月に大日本労働総同盟友愛会、二一年一〇月に日本労働総同盟と改称した。

一九一七年のロシア革命、一九年の国際労働機関（ＩＬＯ）の設立にも力を得ながら、一九年になると労働運動は要求項目に団体交渉権獲得、八時間労働制を掲げるようになる。一九二一年夏には、神戸の三菱・川崎両造船所を舞台に、参加人員約三万人に及ぶ空前の大争議が起こったが、これは労働者側の完敗に終わった。

こうして第一次世界大戦期以降労働運動の高揚がみられたが、一九二〇年恐慌を契機とする労働需給状況の変化に大きく規定されながら、一九二一年末の大争議を境に労働運動は新たな局面を迎えることになる。

第一次世界大戦期以降の労働運動の高揚は、それまでの「主従の情誼」に立脚する経営家族主義的経営秩序を動揺させるものであった。

例えば一九一八年の三菱神戸造船所の争議において、職工は「我社倉米ヲ廉売セルハ必意暴利ヲ私シ職工ヲ瞞着セルモノナリ五十銭デモ六十銭デモ高キ米ハ高ク売リテ可ナリ賃銭ヲ多ク呉レルナラバ高イ米ハ勝手ニ買フ」[1]と主張した。恩恵として市価よりも安い社倉米を受け取るのではなく、高い米を購入できるだけの高い賃金を要求するというこの主張は「主従の情誼」に頼るのではなく、組織労働者の意識が米騒動を超える質を有するものであったことを物語っていた。

さらに一九二〇年に、三菱神戸造船所長は役付職工に対して「会社ガ諸子ヲ役付ニ任命シタルハ（中略）諸子ノ人格ニ信頼シタルニ外ナラサルナリ」、「予モ諸子ト同シク会社ノ被傭人ナリ」と言明した。「主従の情誼」ではなく「人格の対等」を要求する労働運動の台頭が造船所長の発言内容を規定し、管理者と役付職工の「被傭人」としての同質性を強調するようになっていたのである。[2]

第一部でみたように、久保田鉄工所でも一九一九年の争議を受けて、同年一〇月に八時間労働制の導入を決定した。ただしこの時もまたその後の争議においても、交渉の矢面に立ったのは工場長や経営幹部であり、権四郎ではなかった。「御主人」である権四郎にとって「主従の情誼」に代わる職工の人格承認、人格対等は理解しがたい面があったかもしれないが、権四郎は工場長、経営幹部の判断を追認したのである。

## 主従的労使関係から労使協調主義へ

八時間労働制が定着し、さらに経営側代表と労働側代表からなる工場委員会を設置して労使協調を図る動きが、一九一九（大正八）年から二〇年にかけて進展し、軍工廠、国有鉄道、八幡製鉄所などで工場委員会が設置されていった。

久保田藤造（左）と小田原大造

また鉱山でも共済組合と結びついた意思疎通機関の設置が相次いだ。さらに一九二一年四月以降、関西地方で展開された団体交渉権獲得運動に対して、民間経営側が打ち出した方策は、企業の壁を越えて連帯する横断的労働組合を相手とする団体交渉権の確認は拒否し、その代替策として工場委員会を導入するというものであった。決議機関ではなく、懇談の場を設けるこ

とによって労使協調を図ろうとしたのである。

久保田鉄工所においても一九二一年九月から工場委員会制が実施されたが、それに先立って制度の枠組みを決定する委員選挙に際して「飛ビ離レタ意見ヲ持ツタ人」を排除することを工員に呼びかけた。

「皆様ガアッテノ工場デアリ工場ガアッテノ皆様デアリマス」といった労使協調の枠内での工場委員会の運営が目指されたのである。その後も散発的に争議が起こるものの、一九三〇（昭和五）年以降になると久保田鉄工所の労使関係は安定するようになった。

尼崎工場での労働争議の処理に関する手腕を買われて、一九二七年に隅田川精鉄所の責任者となった小田原大造は、ここでも大胆な労使協調路線を追求した。前年の争議で解雇された争議団の一部を再雇用し、労働組合の結成を促したという。ここで結成された組合が「工場に食い込もうと毎日ビラをまきに来る左翼運動者たちへの逆手となった。組合の連中が一致団結して左翼への防衛陣となり、工場側は左翼に対して快勝した」[3]というのが小田原の判断であった。

### 労働組合法案への態度

戦前の日本では、労働組合法案が三回議会に上程され、結局立法化に至らなかったことはよく知られている。一九二五（大正一四）年八月一八日には、内務省社会局が作成した労働組合法案の全文が公表されるが、これに対して大阪鉄工業同業組合組長栗本勇之助は九月一七日付「労働組合法案ニ対スル意見書」を公表した[4]。

意見書は第一に「労働組合ヲ一定ノ地域内ニ在ル同一職業ノ労働者ノミノ団体ニ限定スルコト」、第二に「労働組合ノ設立ニ付届出主義ヲ改メ認可主義トスルコト」、第三に「雇傭者又ハ其ノ代理人ハ労働者カ労働組合ノ組合員タルノ故ヲ以テ之ヲ解雇スルコトヲ得ス　雇傭者又ハ其ノ代理人ハ労働者カ労働組合ニ加入セサルコト又ハ組合ヨリ脱退スルコトヲ雇傭条件ト為スコトヲ得ス」[5]とする第一一条（内務省社会局案）の削除を要求した。

第一の理由として「労働組合ト雖モ職業ノ同シカラサルモノ地域ノ相隔リタルモノ雑然集合セル組合ニ在リテハ勢ヒ組合員ノ利害ヲ緊密ニ代表シ得サルベク同時ニ又之レガ節制統一ヲ計ルコト不便」が指摘された。

第二の認可主義を採用する根拠は「我国情トシテ認可主義ヲ採ルコト最モ妥当ニシテ（中略）世上往々見ル所ノ不純ナル職業的労働運動者ノ害悪ヲ未然ニ防止シ純真ナル労働者ノ為メニ労働組合ノ健全ナル発達ヲ期スル上ニ於テ必要ナルノミナラズ又労働組合ガ時ニ法令ニ違反スル場合ニ其ノ認可ヲ取消スノ必要ヲ見ルコト実際ニ於テ之レアルベキ」ためであった。

さらに「既ニ労働法ヲ設ケテ労働組合ヲ認メ国家トシテ之レガ保護発達ヲ講ズル以上資本主又ハ事業経営者トシテモ亦須ラク此ノ大勢ニ順応シテ事業ノ経営ニ当ルベ」きであるというのが、黄犬契約にかかわる第一一条を削除する理由であった。

権四郎をはじめ、すでに工場委員会の経験を積んでいた大阪鉄工業同業組合員が構想する労働組合は以上のようなものであったが、この法案すら立法化することはなかったのである。

（1）中西洋［一九七七］、「第一次大戦前後の労資関係―三菱神戸造船所の争議史を中心として―」隅谷三喜男編著『日本労使関係史論』（東京大学出版会）一〇三ページより再引用。

（2）以上、同前中西論文［一九七七］、一一四ページによる。

（3）小田原大造［一九六二］、「私の履歴書」『私の履歴書』第一六集（日本経済新聞社）一〇九ページ。

（4）以下、大阪鉄工業同業組合組長栗本勇之助「労働組合法案ニ対スル意見書」大正一四年九月一七日（アジア歴史資料センター、Ref. C08051332200、海軍省公文備考、防衛省防衛研究所）による。

（5）労働省編［一九六一］、『労働行政史』第一巻（労働法令協会）四二一ページ。

# Ⅳ　関西企業の「大陸」進出

## 満洲事変の衝撃

一九三一（昭和六）年九月一八日の満洲事変の勃発は、政治社会情勢の大きな転換点となった。大阪でも同月二五日には、日華経済協会が緊急常務理事会を招集した[1]。

東京中心の日華実業協会に対して、大阪を中心にして中国関係の実業家が集まって一九二八年に結成されたのが日華経済協会であり、谷口房蔵が初代会長、喜多又蔵が副会長であった。二八日には一二団体が大阪商工会議所に集まって、大阪対支経済連盟の名前で満洲における日本の権益確保と中国政府による排日運動の即時厳禁を要求する決議を行なった。

一方で、満洲事変勃発以前から日中間の緊張の高まりを憂う人びともいた。東京海上火災保険専務取締役であり、自由貿易論者として著名な平生釟三郎[2]（一九三三年に川崎造船所社長に就任）

は、一九三一年九月一五日に川崎卓吉内閣書記官長、井上準之助大蔵大臣と会談し、蔵相から陸軍の動向について情報を得ていた。

井上は「陸軍々人の傍若無人なる行為を非難し彼等は実に世間知らずのあばれ者といふべく実に今日の如く無統制なる状態は真に憂ふべきものなり」と嘆いた。(3) 事変勃発当初、平生は「余は陸軍側のかかる専恣の行動がやがて国民を窮迫に陥れ終に国民の怨府たらしむるを恐るるものなり」(九月二二日)として事態の行く末を深く憂えていた。その平生も、一一月になると大きく変化し始める。同月一一日に大阪商工会議所において「満洲事件に関する実地調査をなせる貴族院議員連」の報告会が開催され、そこで「反日、排日、侮日、打日」の状況が報告され、「此機会に於て膺懲《ようちょう》を加えざるに於ては彼等支那人をして益侮蔑の念を強からしめ、結局日本は満洲より退去せざるべからざるのみならず、或は台湾の返還、朝鮮の独立を要求せらるるならんと極論」が展開された。

これを聞いた平生は「一々肯定すべきものの如し」と感じた。また上田貞次郎東京商科大学教授が満蒙進出反対論を唱えようかと平生に述べたところ、平生は「それは危険だからやめろ、君の命位でとめられぬ」と答えている。一二月一六日には、堀切善次郎拓務次官らを招いた席において、平生は世界が保護主義に向かうならば日本の生存が脅かされる、したがって日本は「領土拡張をなして、free trading (の) 範囲を拡大すべく努力せざるべからず」と述べるようになっていた。

## 栗本勇之助の満洲観

一九三二（昭和七）年四月二八日に、大阪朝日新聞社主催の満洲視察懇談会が開催された。権四郎は参加しなかったが、第一部で見た満蒙派遣団（団長栗本勇之助）に参加した大阪工業会の会員が、それぞれ視察の感想を述べている。

団長の栗本勇之助は「安い撫順炭が自由に入って来るやうになればこゝに日本の産業革命を来すといっても過言ではない。といふのは燃料が低廉となればあらゆる日本の工業が蘇生し、関税障壁を越えて海外に進出する力が出て来るからです」として燃料供給地としての満洲の意義を強調した。(4)

さらに栗本は続けて「私は実は日本と満洲をもって経済ブロックを作るといふ考へを抱いて視察に出発したのでしたが、今はさういふことは到底出来ない。若《も》しさういふことになれば日本は満洲と経済的に心中することになるのではないかと心配されます。我々は経済ブロックを作るといふ如き空想を捨て、むしろ満蒙で理想国家を作るといふ方面に邁進すべきだと思ふ。従って投資の対象として考へて見ると鉄、石炭以外に投資することは出来ないと考へます」と主張して満洲における原燃料資源開発を優先すべきとした。

その後、栗本はみずからの「満蒙経営論」を何度も述べているが、栗本は「我国の対満策が将来その成果を挙ぐることを得た暁には満蒙は名実共に所謂我国の生命線として我国民経済に絶大の貢献を為すこと一点の疑ないところであるが、それには第一新国家が予期の如く健全に成長し且つ我国との信任関係が終始完全に保たれることが、絶対必要」としていた。

また「満蒙開発は独り我国の生命線たる許《ばか》りでなく同時に我日本民族の使命である所の亜細亜民族の経済生活の向上発展を計る平和的事業の一段階」であり、「我国の生命線としての満蒙の開発を専ら内地本位の一方的利己主義より打算することは満洲国の出来た大切な深い意味合を未だ十分に認識し得ない人びとであつて、之等《これら》の人々の頭脳は唯満洲は日本のための満洲であつて、満洲の為めの日本でないとの至極単純な意識と論理に依つて支配せられてゐるのである。蓋《けだ》し満洲国なるものが日支事変を機にして出来上つたことは、一は満蒙三千万の民衆の利益と、一は我が国防線、生命線保持の必要と両者相一致した為めであることは今更いふまでもない」というのが栗本の議論の前提であった。[5]

しかし「満蒙開発の前途に横《よこた》はる幾多の難問題を思ひ浮ぶるならば、満蒙経営は尠《すくな》くとも三十年乃至《ないし》五十年計画としてかゝらねばならぬと思ふ。今後満蒙に移住する多くの日本人の男女が彼地に定住して、彼地に於て子女をもうけ、その子女がまた所謂第二世として彼地に安じて生業に従ふ様になつた時こそ、初めて我国の満蒙経営が緒に就いたものと考へてかゝらねばならぬ[6]」という長期的視点に立った満蒙開発が現実的であるというのもまた栗本の持論であった。

もちろん栗本がこうした議論を展開していた頃、柳条湖事件の真相は報道されていない。エドガー・スノーがその最初の著作において「〝三千万民衆の意思〟にもとづいて満州国の独立がおごそかに宣言されたためでたいその日に、溥儀《ふぎ》の首都は日本軍の銃剣に取りかこまれていた。のちの即位式の日も同様だった。執政就任の儀式もまったく非公開で、日本人顧問が注意深くえらんだ二百人たらずの人間が出席したにすぎなかった(7)」と報じた状況を、栗本はどこまで承知していたのだろうか。

## 久保田権四郎の満洲経済観

一九三二(昭和七)年四月に大阪工業会が派遣した満蒙視察団に参加した権四郎も、満洲経済に対する率直な印象を語っている。

「今回満蒙の地を視察せしところ、彼地は確かに資源の豊富なる埋蔵庫ではあるが現実に於ては差詰め大農業国であり、今直ちに行きて工業の出現を論ずることは実は尚早の嫌なきにあらざるも資源の開発、沃野の開拓是れ総て工業の助力に俟たなければならず、その中鉄工製品は相当重要なる役割を演ずるものなり」としつつも、「鉄、石炭は豊富なるにも不拘《かかわらず》、非常に高価なること全く予想外であつた。これは早晩如何にしても改められなければならぬ一大問題である。今や満蒙には新国家の成立を見るに至りたるを以て従来吾人が満鉄庇護の下に主として南満に局限せられたる過去の市場を脱却し、廣く全満蒙を舞台として企業を飛躍さすにあらざれば何を以てか満蒙が我国工業の生命線たりといふを得べけんや」と呼びかけている。

その際に興味深いのは、権四郎がみずからの経験に裏打ちされた近代日本の足跡にもとづいて満洲経済の現状を理解しようとしていることである。

権四郎によれば「余は今回彼地の現状を親しく視て本邦鉄工業の過去を静かに回顧照合する時万感交々起り停止する所を知らず。蓋《けだ》し我国明治中期の鉄工業はその建設期に当り、実に低度の労働諸条件を擁しながらも高級鉄工品の対外輸出は技術の拙劣なりしため全く望みなく、国内需要は国民の購買力乏しく従つて大量生産は不可能の事にて多くは幼稚なる技術を以て家内工業的に営みたるに過ぎず。稍《やや》設備の整ひしものと雖も修繕を兼営するの状態であった。さはあれ、斯業者の刻苦精勤忍従は遂に今日の工業発達を来すに至ったのである。その道程に於ける受難は到底よく筆紙に尽し能はざる所で、斯《かく》の如き中にありては労資共に失敗失業に屈せず遅鈍ながらも只管《ひたすら》向上の一路を求め遂に之に辿り得たるものにして、（中略）依つて之を大観するの時我人口即《すなわち》需要家の数は三千余万人にして、満洲新国家の現在人口に符合す。蓋し其れ右に述べし所敢て偶然ならず」であった。

「今や邦家鉄工業は行詰りのどん底を彷徨し有能なる事業家といへども倒壊するもの多々あるを見る。技術者及職工等の失職するもの相次ぎ停まる所を知らず。之が救済策としては満蒙への進出を切望する」権四郎であるが、日満の経済発展の段階的差異に留意することが肝要というのが権四郎の主張であった。

「一般機械の大量的生産に適せず、従つて輸出向には不利益と思考す。寧《むし》ろ国内需要の簡易機械の製作と一般機械の修理を目標として過渡時代を進む事を要す。（中略）現在生産過剰の日本鉄工機械設備を利用し、依つて彼我工業の互助的発展を期し共存共栄の実を挙ぐべし。而《しこう》して其の

満洲の事務所の様子

成否如何は吾人がよく明治中期の昔に還り満洲土着民化し得るや否やにある」といったように権四郎の主張するところは、段階的差異を踏まえた日満経済の相互補完関係の構築にあった[8]。

第一部でみたように、この時期、権四郎は満洲の低廉豊富な銑鉄と低賃金労働者を使って鋳鉄管を生産すれば、アジア市場開拓にも大きく資するとの意見を開陳していた。しかし低廉豊富な銑鉄を実現するためには、インフラ整備が不可欠であり、水道用鋳鉄管の需要もそこにあるという判断であった。その構想は、一九三五年一二月に満洲久保田鋳鉄管の設立として実現する。

当初大陸への進出には慎重であった栗本鉄工所も、その後「外地」とのかかわり方を大きく変化させる。栗本勇之助は、一九三一、三二、三六、三九年と四回にわたって中国大陸視察に出かけている。太平洋戦争勃発直前の一九四一年一〇月、撫順に満洲栗本鉄工所を設立し、四三年には朝鮮の仁川にあった朝鮮製鋼所を系列下に収め、さらに四四年四月に、朝鮮栗本鉄工所を設立した。(9)

## 住友財閥の満洲投資

一九三四（昭和九）年九月に、満洲住友鋼管株式会社が奉天市（現瀋陽）鞍山に設立され、住友合資会社の連係会社に指定された。(10) 住友伸銅鋼管一二万株、住友合資会社八万株の出資であり、昭和製鋼所の丸鋼から継目無鋼管の製造を行うことが目的であった。

満洲事変後の一九三二年二月に、小畑忠良(11)住友電線製造所支配人、川田順住友合資会社常務理事が満洲に渡ると、「財閥入るべからず」のかけ声とは違い、関東軍から歓迎されたという。(12) 同年八月に小磯国昭関東軍参謀長兼特務部長は「財閥入るべからず」を否定して日本資本の投資を呼びかけた。

一九三三年一〇月、小畑は古田俊之助住友伸銅鋼管専務取締役とともにふたたび渡満し、続いて三四年七月に春日宏住友伸銅鋼管常務取締役が渡満して、会社の設立準備を進めた。会社設立後、ただちに鞍山工場の建設に着手し、伸銅鋼管尼崎工場の設備の一部を改造の上、鞍山工場に移し、三五年一〇月に工場が完成した。

久保田鉄工所でも、一九三三年頃から何回か人を派遣して現地調査を行い、工場の建設に着手したのが三五年七月であった。[13] 第一部でみたように、満洲久保田鋳鉄管の設立には満鉄や昭和製鋼所の慫慂が大きかったが、住友財閥の満洲投資は、後に続くものにとって大きな意味を持ったように思われる。

（1）以下、石井寛治［二〇一二］、『帝国主義日本の対外戦略』（名古屋大学出版会）二三〇〜二三一ページによる。満洲事変に対する財界の対応については、同書第七章「満洲事変への日本ブルジョアジーの対応」参照。

（2）平生は一八九〇（明治二三）年に高等商業学校（現一橋大学）を卒業し、九四年に東京海上保険会社に入社した。一九一七（大正六）年に同社専務取締役となり、甲南学園の創立者であり、灘購買組合の設立にも尽力した。一九三三（昭和八）年に川崎造船所社長に就任して、同社の再建を主導した。一九三六年に広田弘毅内閣で文部大臣、三七年に日本製鉄会長、四一年に鉄鋼統制会会長、四二年に重要産業統制団体協議会会長に就任した。大阪自由通商協会常務理事として自由貿易を説いた平生であったが、満洲事変の勃発は大きな変化の契機となった。

（3）以下、滝口剛［二〇一四］、「自由通商運動と満洲事変」『阪大法学』第六四巻第三・四号（大阪大学法学会）八〇三、八〇五、八〇九〜八一一ページより再引用。原資料は甲南大学所蔵『平生釟三郎日記』。

（4）以下、「大阪工業会諸氏は満洲をどう看る」『大阪朝日新聞』一九三二年五月三日・八日による。

（5）以上、栗本勇之助［一九三二］、「我国民経済上より観たる満蒙経営論」大阪工業会編『工業』第七六号（大阪工業会）一、三、六ページによる。

（6）同記事二ページ。

（7）エドガー・スノー［一九八七］、『極東戦線』梶谷善久訳（筑摩書房）一八九ページ。

（8）以上、久保田権四郎［一九三二］、「満蒙に於ける鉄工企業に就て」前掲『工業』第七一号六七〜六九ページによる。

（9）栗本鐵工所編［二〇一〇］、『栗本鐵工所　百年記念誌』（同所）五五〜六〇ページ。

（10）以下、山本一雄［二〇一〇］、『住友本社経営史』上巻（京都大学学術出版会）一〇六一〜一〇六六ページによる。

（11）小畑忠良の兄英良（最終階級は陸軍大将。駐英武官、参謀本部部長、航空軍司令官等を歴任）、弟信良（最終階級は陸軍中将。駐米武官、陸大教官、ビルマ軍参謀長等を歴任）ともに陸軍軍人であり、忠良は「私は軍人と仲がいいんです。他の事業家のように軍人だからという遠慮」はしなかったという。安藤良雄編著［一九七二］、『昭和政治経済史への証言』中巻（毎日新聞社）一一七ページによる。

（12）小畑は、「川田さんはそういうことになってくると、人ざわりのうまい方で、軍人をそらさなかったですね。それで小磯（国昭―引用者注）さんなどと住友の幹部が仲良くなりましてね。（中略）そのあとは住友の人もこわがらずに行くようになり、しぜん他のところより早くなったのです」と証言している（同前一一九ページ）。

（13）市川重三郎［一九四一］、「草創五ヶ年の回顧」竹下百馬・猪股昌孝編『（株式会社久保田鉄工所創業五十周年記念祝典誌・）満洲久保田鋳鉄管株式会社創立五周年記念誌』（久保田鉄工所総務部文書課）一三ページ。

# V　同族経営と専門経営者

## 専門経営者と所有者同族—三井財閥—

戦後、三井グループの再結集に大きな役割を果たすことになる江戸英雄[1]は、一九二七（昭和二）年に東京帝国大学法学部を卒業すると同時に、三井合名会社に入社し、戦前戦時中は一貫して三井財閥の本社に勤務した。

江戸によると、三井合名が全株を保有している三井物産、三井鉱山、東神倉庫の役員会が毎週開催されたが、この直系三社の重要案件は、すべて合名の理事会に上げられ、そこで承認される必要があった。

理事会決定の書類には、社長のほかに業務執行社員の押印が必要であり、三井元之助（伊皿子《いさらご》さん）と三井源右衛門（新町さん）が業務執行社員であった。文書課長及び文書課長代理がたまたま都合が悪かったため、平社員の江戸が、三井源右衛門宅を訪問することになった。

その際は「人力車に乗って行き、課長に注意されたとおり、『門前下車』といって門の前で降り、玄関まで歩いていく。（中略）私のような平社員が三井のご主人に直接、書類を渡すことはありえず、執事を経由して判を押してもらうので、私はお屋敷でご主人の顔をみたことはない。待たされている間、きれいなお手伝いさんがお茶とお菓子をもってくるが、お菓子は軍配最中《もなか》が五つあった。お菓子にも身分差があって、課長や課長代理のときはカステラか羊かんである」といった調子である。(2)

江戸の回想は続く。「三井さんを『お上』と申し上げなければならない。『御主人様』ではダメである。（中略）『お上はお出まし遊ばされましたか』というセリフ（？）をいわねばならない。茨城育ちの田舎っぺの私には、この言葉がなかなか出なくて苦労したものだ」、「三井一一家の社員総会は原則として年二回、決算期のときに開かれた。本館の奥まったところに『社員室』があった。（中略）他に『同族別室』（相続人室）があったが、そこにはお風呂まで付いていた」(3)。

一九三二年三月五日に、血盟団の菱沼五郎によって団琢磨三井合名会社理事長が暗殺された後、三三年に筆頭常務理事に就任したのが、池田成彬三井銀行常務取締役（後に日本銀行総裁、大蔵大臣兼商工大臣に就任）であった。三井財閥の事実上の総師となった池田は、「財閥の転向」と呼ばれた大胆な改革案を実施していった。

第一に、三〇〇〇万円を寄付して三井報恩会を設立し、社会事業、文化事業に対する助成を行なった。続いて池田は三井家当主を直系三社（銀行、物産、鉱山）の社長あるいは代表取締役の地位から退陣させた。さらに直系会社の役員賞与の半減、物産の「カミソリ安」こと安川雄之助社長の退陣、役員定年制の実施も行われた。池田自身もこの定年制に従って、一九三六年五月に筆頭常務理事を退いた。

この池田がいちばん頭を悩ませたのが、三井家同族とのつき合いであった。「(三井家—引用者注) 一一家のご主人のなかには俊敏な方々が多く、これまで沈黙を守ってきた反動もあって、その取り扱いに手を焼かれた。（中略）こうした三井家の対策に池田氏は大変ご苦労になった。私も三井さんの一人が、池田氏の部屋で、卓を叩きながら詰め寄っていた場面を目撃したことがある。三井さんはご主人だから、天下の池田氏も『池田』と呼び捨てにされていた[4]」ことを江戸が証言している。

一九二〇年代末の三井財閥でいえば、三井家同族会と三井銀行、三井物産、三井鉱山、東神倉庫といった直系会社の間に、持株会社であり財閥本社である三井合名会社が存在した。財閥本社は、財閥家族の意向が直接的に各事業会社に及ぶことに対する防御壁の役割を果たしていたともいえるのである。[5]それでも所有者同族と専門経営者の関係は難しく、一九三〇年代の三井財閥でも先にみたような問題が生じていたのである。

## 専門経営者と所有者同族―久保田鉄工所―

久保田鉄工所を財閥ということはできないし、財閥本社である持株会社が設立されることもなかった。権四郎は「御主人」として絶対的存在であったが、この所有者家族・同族と専門経営者の関係は難しかった。

**表15**は、久保田鉄工所の株主名簿（一九四一年四月末現在）から、久保田姓の株主を取り出したものである。全員が久保田一族の保証はないが、権四郎以下、一〇〇〇株以上株主が一二名（合計株数一八万四三五〇株）に達し、これだけで総株数四八万株の三八・四パーセントを占めた。この時、久保田鉄工所の株主数は一〇九三名であったが、その中で春日宏住友金属工業専務取締役の四万二六〇〇株をはじめとする一〇〇〇株以上株主は、久保田一族を除いて三三名であった。

『私の履歴書』での小田原大造の久保田一族に対する思い出は、抑制されたものであるが、かなり厳しい。もちろん小田原の証言であり、久保田一族の言い分は聞こえてこない。「われわれ社員階級でも資本家のお嬢さんが来たら、みずからぞうりをそろえて差し上げなくてはならぬような空気もあった」、「恩人久保田老を悪くいうものではないが、若いときから旧式資本主義の環境の中で伸びてきた久保田老には、私などと大きな考え方の相違があることを知った」といった回想からは小田原と権四郎及び久保田一族との葛藤がうかがわれる。(6)

一方、隅田川精鉄所で小田原の下で働き、一九三三（昭和八）年に権四郎によって大阪に呼び戻された牛尾栄次によると、四〇年の株式公開とともに権四郎は「自分の息子たちに、自分が抜摺《ママ》した人達をつけて、事業を伸ばすことを考え(7)」たという。この時期の権四郎は巨大化した多角的事業体を、所有者同族と専門経営者の協調を基礎にした集団指導体制によって運営していくこ

**表15　久保田姓株主一覧**

| 氏名 | 府県別 | 株数 |
|---|---|---|
| 久保田権四郎 | 大阪 | 83,640 |
| 久保田静一 | 兵庫 | 29,000 |
| 久保田藤造 | 東京 | 22,600 |
| 久保田篤次郎 | 同 | 13,200 |
| 久保田信博 | 大阪 | 11,320 |
| 久保田末忠 | 同 | 6,320 |
| 久保田静江 | 東京 | 5,400 |
| 久保田千代子 | 大阪 | 4,380 |
| 久保田キミ | 同 | 3,890 |
| 久保田瑞穂 | 東京 | 2,200 |
| 久保田豊 | 同 | 1,200 |
| 久保田繁次郎 | 同 | 1,200 |
| 久保田晴子 | 兵庫 | 400 |
| 久保田富美子 | 同 | 400 |
| 久保田千代 | 東京 | 400 |
| 久保田陽一郎 | 同 | 200 |
| 久保田喜代子 | 同 | 200 |
| 久保田嘉雄 | 徳島 | 50 |
| 久保田芳治 | 東京 | 50 |
| 久保田英太郎 | 大阪 | 50 |
| 久保田重松 | 新潟 | 50 |
| 合計 | | 186,150 |
| 総計（1,093名） | | 480,000 |

［出典］　久保田鉄工所『第21期株主名簿』（昭和16年4月末時点）。

とを構想していたのであろうか。

尼崎工場の争議、隅田川精鉄所の立て直し、さらに戦後の労働攻勢を入れれば三度労働問題の矢面に立ち、これを解決していった小田原大造に対しては「俺は資本家ではない。月給取りから上つて来た。作業員たちと何ら変りない生れ立ちを持つている。自分の兄弟や親戚を集めて共同事業をやつている。こういつた気持が従業員に通じたからでもあろうか[8]」との紹介記事がある。

そこには権四郎という所有経営者とは違う、専門経営者の自負が感じられると同時に、専門経営者による新たな〝共同体経営〟への傾斜も感じることができる。

事業規模の拡大、多角的展開に伴って個人経営、同族経営をいかに自己革新し、法人企業としての内実を整備していくのか。そのプロセスにおいて専門経営者はいかなる役割を果たすのか。これは、独り久保田鉄工所だけの問題ではなく、成長を続ける多くの個人経営、同族経営が直面した課題であった。

(1) 江戸英雄は、三井財閥の本社・持株会社である三井合名会社では不動産課、文書課等に勤務し、一九四〇(昭和一五)年に三井総元方が設置されると、総務次長代理となった。終戦後は三井本社の清算業務、三井家資産の整理などを担当した後、四七年に三井不動産の管理部長に転出し、五五年に同社社長に就任した。占領期には財閥の商号・商標保全問題に尽力し、その後も三井グループの再結集に主導的役割を果たした。宇田川勝［二〇一一］、「第一二章　財閥解体から戦後型企業集団形成へ―江戸英雄（三井グループ）―」宇田川勝・生島淳編『企業家に学ぶ日本経営史―テーマとケースでとらえよう―』（有斐閣）一七〇〜一七一ページによる。

（2）江戸英雄［一九九四］、『三井と歩んだ七〇年』（朝日新聞社）七六〜七七ページ。

（3）同前七八ページ。

（4）同前九二ページ。

（5）「家族・同族（例えば、三井家同族会）と本社（例えば、三井合名会社ないし三井本社）との関係において、『家族・同族の封鎖的所有・支配がかなりの程度制約されていた』ことである。それは一種の所有に対する封じ込めとみなすことができるが、同様の事象は、本社と事業会社との関係においても生じていた。財閥本社は、財閥直系事業会社の安定株主として機能したのである」といったような、橘川武郎［一九九六］、『日本の企業集団―財閥との連続と断絶―』（有斐閣）九二ページでなされた指摘が重要である。

（6）以上、小田原大造［一九六二］、「私の履歴書」『私の履歴書』第一六集（日本経済新聞社）九九、一二一ページによる。

（7）牛尾栄次［一九七六］、『牛尾栄次従心小史』（私家版）八七ページ。

（8）船伏美濃雄［一九五二］、「小田原大造氏半生の足跡」『実業之日本』一九五二年一〇月号（実業之日本社）九四ページ。

## Ⅵ　企業統治の変化

### 産業報国会の活動

第一部でみたように、八時間労働制、工場委員会制度といった先進的な労使関係の枠組みを採用していった久保田鉄工所であったが、安定した労使関係が築かれたのは何度かの労働争議をへた後の一九三〇年代であった。

戦時期になると、産業報国会が労使関係の基本的枠組みとなった。久保田鉄工所尼崎工場産業報国会は、一九三九（昭和一四）年一一月二八日に設立され、同会の名誉会長に権四郎、会長に田中勘七常務取締役、副会長に山本光男工場長が就任し、委員二〇名は会社側と労働者側が同数であった。[1]委員の任命方法であるが、会長が指名するものとし、その半数は職員から指名されることになっていた。

一九四二年度の目標として田中会長が掲げたのが、（一）欠勤克服運動と（二）一人あたり生産量の増強であった。[2]「日米の生産決戦に於て一人当りの生産量は遺憾乍ら彼に及ばざること遠し。我が産業戦士の手先の器用なることは到底彼の及ばざる処にして頭脳の働きも敢て遜色なきものと信ず。唯生産設備に於ては彼の大量生産設備に及ばざるものもあれども、吾等の職場は即ち戦場にあることを想起し、敢闘精神を発揮することにより優に彼等を凌駕し得るものなりと信ず」というのが田中の信念であった。

産業報国会では懇談組織として班常会、隊常会、部隊懇談会、総懇談会の四つのレベルがあったが、最末端の班常会では「懇談機関を決議機関であると誤解して何時の常会に於ても決議を行ふもの、又下通、上通事項の説明機関であると考へて居るもの等あり」とされた。[3]

かつて工場委員会が横断的労働組合への対抗物として導入され、その工場委員会の経験を踏まえて戦時期に導入された産業報国会であったが、会社が求める懇談機関の意義がまだ滲透しきっていなかったのである。

第一回総懇談会（一九四一年一二月一一日開催）の懇談事項をみると、「一、家庭隣保の充実を計ること」、「二、歳末同情義捐金募集の件」、「三、国防献金に関する件」、「四、必勝祈願に関する件」、「五、我が産報より銃後奉公決議文提出の件」、「六、就業時間改正の件」であった。[4]

## 労働組合の存在

一九四六（昭和二一）年二月に、労働組合の全社統一組織として久保田鉄工所労働組合連合会が誕生したが、その後も次にみるように、関係会社である第二久保田鉄工所では厳しい労使対立が続き、同時に労働組合の路線をめぐって、組合間でも対立が続いた。

第二久保田鉄工所では、一九四六年四月と四七年四月の二回にわたって争議が起こったが、最初の争議では、権四郎の証言によると、「昭和二十一年四月二十三日午前十一時頃私が本社の社長室に居ると若江（第二久保田鉄工所—引用者注）の争議団員二百名余が押かけて来て玄関からワッショワッショと社内に乱入した。私は専務室に通ずる扉のハンドルを内側から押へて居ると社長室の北側の窓を開けて社長が此辺に居たと云ひ乍ら乱入し、何をして居るか座れと引つ張つたので私は止むなく席に着いた。その内小田原大造専務以下各重役も次々に引つ張つて来られ私と並んで腰をかけた。（中略）自分は第二久保田に関係ないから帰へしてくれと云ふと傍に居た共産党員が帰へつてはいけないと云ひ（中略）午後七時頃苦しくてこのままでは生命も危いから帰へしてくれと申したがさきの共産党員は帰宅を許さなかった[5]」。

こうした中で二倍増給を承諾させられたものの、結局、第二久保田鉄工所は一九四九年一一月に閉鎖されることになった。

一九四九年三月一七日に発行された久保田鉄工所堺工場労働組合の「運動方針（案）」は「健全なる組合とは一言にして言うと自主性、民主性、責任性ある組合という事である。組合は一切の事に関して外部のものから支配、干渉を受けて動かされてはならない。即ち使用者に動かされて資本家の御用組合になったり、政党政府の御用組合になっては組合の自主性は全くない」、「若《も》し組合が政党のフラク活動（党員を送り込んで宣伝、動員活動を行うこと―引用者注）を許した場合には私達の組合はいつか知らぬ間に政党の思う方向にもって行かれ、私達が気がついた時にはすでに取り返しのつかない事になっています。それは過去に於ける第二久保田（若江工場）の争議が明瞭に示しています。今若江の兄弟諸君はその結果本当に困り抜いて居ます。先日も産別（全日本産業別労働組合会議―引用者注）を辞退して我々と同じ総同盟に入会しました。私達は若江工場の轍を踏まない様に政党フラク活動を排除しなければなりません」と訴えかけた[6]。

思えば第一部でみたように、一九二一（大正一〇）年に「工場委員会ノ創設ハ皆様ノ進歩発展ヲ期スル所以デアリマスカラ互譲ノ精神ニヨリテ逐次ニ向上ノ階段ヲ計ラネバナリマセン皆様ガアッテノ工場デアリ工場ガアッテノ皆様デアリマス」と説明して、「飛ビ離レタ意見ヲ持ッタ人」の排除を訴えた会社であったが、戦後のこの時期、総同盟に所属した久保田鉄工所堺工場労働組合は産別からの影響力の排除を訴えかけたのである。

一九四九（昭和二四）年五月に刊行された久保田鉄工所『会社概要』は、「昭和二一年四月久保田事件として新聞紙上を賑はし社会注目の的となった労働争議は、縷々《るる》当社の争議であるかの如く誤解され勝ちでありますが、この争議は当社労働組合とは何ら関係は無いのでありまして、当社労働組合は総同盟に加盟して、健全なる発展を続け労資間は極めて緊密に協力し、何等紛議を見ないのであります。（中略）将来共当社の経営は労資一体となって、刻々移りゆく事態に即応して行けると確認して居ります[7]」として、戦後直後の労使間の懸案事項を乗り切った自信を示した。

## 一九五〇年代初頭の企業統治

しかし協調主義的な労働組合を企業統治の一員として組み込んだということは、所有者一族が退場した後も専門経営者と労働組合が相互に信頼を裏切らないために、長期的な厳しい相互監視の関係を維持発展させることに合意したことを意味した。

経営者は解雇などを極力避け、労働組合は経営者に対して信頼に足る経営者であることを求め続けた。この両者の関係に株主、金融機関などのステークホルダーが加わり、一九五〇年代の企業統治が展開することになった。

久保田静一社長の退陣をめぐっては、労働組合も金融機関もそれを強く求めたといわれているが、以後こうした労働組合と金融機関の厳しい監視に「合格」した小田原大造の長期政権が続くことになった。

（1）以下、久保田鉄工所尼崎工場産業報国会編［一九四二］、『事業収攬』第三号（同会）三～四ページによる。
（2）同前一四ページ。

（3）同前二二ページ。

（4）同前二三〜二四ページ。

（5）最高裁判所事務局刑事部第一課編［一九四八］、『労働関係事件判決集』（三芳書房）一三〇〜一三一ページ。

（6）久保田鉄工所堺工場労働組合教育委員会宣伝班「運動方針（案）」（久保田鉄工所堺工場労働組合『組合報告書』所収）昭和二四年三月一七日。

（7）久保田鉄工所『会社概要』一九四九年五月、六〜七ページ。

# 第三部
# 人間像に迫る

## 権四郎が歩んだ「実業道」の姿

その発言とともに紐解く

# Ⅰ　経営観

## 海外市場への注目

　久保田鉄工所の基軸商品が、主として官公庁、地方自治体相手の水道用鋳鉄管であり、一方で鋳鉄管製造業自体寡占産業化していたことから、内需を補う海外輸出に早くから目を向けていたのが、権四郎の特長であった。

　第一部でみたように、一九〇八（明治四一）年以降、久保田製鋳鉄管は南満洲鉄道、鎮海海軍経理部にも納入実績をあげ、中国市場への進出も準備していた。さらに一九二〇年代末になると、鋳鉄管と石油発動機の東南アジア向け輸出を模索し始め、鋳鉄管では成果をあげるようになった。

　一九三〇年代になると、鋳鉄管はオランダ、ノルウェー、メキシコ、エジプトなどにも輸出された。国際規格という壁を乗り越えるためには、コスト面で大きな負担を負わなければならなかったが、鋳鉄管、石油発動機メーカーとしての久保田鉄工所の輸出志向の強さは注目すべきものであった。

しかし鋳鉄管の場合、施工者が要求する規格に応じることがコスト面での負担増を招いた。例えば一九三六（昭和一一）年に、中国の済南市政府が商埠地に上水道を敷設する計画を立て、国際競争入札への参加を呼びかけた[1]。

この計画ではシーメンス商会が先行していたため、ドイツに有利な引抜鋼管が仕様書に指定されており、日本側では三菱商事が日本鋼管、三井物産が久保田鉄工所と提携したが、久保田の製品は仕様規格に合致せず、結局三菱商事一社が入札した。国際入札の結果は、三菱商事が最安値であったが、入札直後に、シーメンス商会が五万元の値引きを申し出た。しかし三菱商事の強硬な抗議が功を奏して、工事一式を獲得することができた。

石油発動機については、クボタ発動機の総代理店であった杉山商店が、朝鮮、満洲、華北、華南を含めて海外一六カ所に販売拠点を有しており、クボタ発動機は中国大陸では「鉄牛」ブランドで販売された。

同業他社も満洲事変期以降になると、円安を背景に石油発動機の東南アジア向け輸出に注力するようになり、一九三五年に泰明商会は、五〇台近い石油発動機のバタビア（ジャカルタ）向け輸出を実現した[2]。

重工業製品の海外輸出に大きな制約があった戦前期において、久保田の東アジア、東南アジア市場への積極的進出の試みは際立っていた。

## 関税改正への発言

明治末の鋳鉄管の関税改正では、国内生産の進展を受けて関税引き上げを主張した権四郎らはほぼその主張を実現することができた。

さらに、一九二六（大正一五）年関税改正でも、鋳鉄管の主要材料である銑鉄関税の引き上げ反対を主張し、その意見を通すことができた鋳鉄管業者であったが、昭和恐慌をへて疲弊した製鉄企業救済の意味が大きかった一九三二（昭和七）年関税改正では、銑鉄関税の引き上げが実現することになった。

権四郎は鋳鉄管製造業者として、また大阪鉄工業同業組合組長として、銑鉄消費者の立場から銑鉄価格の上昇につながる関税引き上げに一貫して反対した。

銑鉄関税引き上げをめぐる議論の焦点の一つが、関税引き上げが銑鉄価格の上昇に与える影響の程度であったが、権四郎は価格形成をめぐる議論に立ち入るよりも、輸入銑鉄を必要とする技術的要因を指摘することで、輸入銑を使った鋳鉄管の価格上昇を危惧するというスタンスをとった。

権四郎のこのような立場を物語るのが一九二八年の以下の発言であった(3)。

印度銑ハ良イ製品ヲ造ル上ニ於テ、ドウシテモ必要デスカラ原料ノ騰貴ニ拘ラズ之レヲ混合スル必要アリト思ヒマス

私ノ経験ヨリ申シマスト内地銑ヲ使ヘバ（印度銑ノ代リニ）結局高ク付クト思ヒマス。内地銑許リヲ使フトスレバ設備ノ上ニ於テ夫々改メナケレバナラヌ個所ガ幾ラモアリマス。御承知ノ通リ内地銑ハ珪素ガ多ク満俺《マンガン》ガ少イタメ製作上種々ノ不都合ヲ生ジ之レガ為メ鋳造方法ナク設備ヲ改メテモ結局原価ノ騰貴ヲ来スコトニナリマス

一九三〇年一二月に作成された、権四郎と大阪鉄商同業組合組長岸本吉右衛門の鉄鋼関税引き上げ反対に関する共同嘆願書は、以下のように、鉄鋼価格の上昇が機械器具工業、鉄製品工業に与える影響の甚大さを訴えた。

鉄鋼関税の引上は機械器具建築其他の鉄製品製造業に多大の打撃を与へ唯さへ目下疲弊困憊の極にある斯業を一層懇《ママ》境に陥らしむるものに有之《これあり》候　今日我々鉄工品製造業者としては極力生産費の低下により内外の需要を喚起する事に努力致居候　幸にも今日我国の低落せる物価は鉄製品並に鉄材の海外輸出を促進し前途に漸く光明を認め来り候に拘らず若し鉄鋼関税の引上

を見ることあらんか之等の希望も全く水泡に帰し将来鉄製品の海外輸出を進展し得ざることと相成り候[4]

しかし、こうした権四郎たちの意見も今回は通らず、一九三二年に銑鉄関税の引き上げが実施された。

## 権四郎の仕入銑鉄価格へのこだわり

鋳鉄管や機械製品価格に占める銑鉄コストの割合は大きく、特に鋳鉄管の場合、銑鉄価格が製品価格を支配した。権四郎にとって、良質で安価な銑鉄の確保こそ、鉄工所経営の要諦であった。

一九一八（大正七）年に久保田鉄工所に入所し、四六（昭和二一）年には監査役に就任する牛尾栄次は以下のように証言する[5]。

銑鉄単価の取極めが事業の運命を左右する最重要点であったので、後年（昭和二十四年久保田翁第一線引退）迄は銑鉄の購入権限丈けは一切他人に委か《ママ》ぬという頑固さが残っていたのも蓋し無理がなかったと思われる。

製品価格を左右する銑鉄の購入権限は、あくまで所有経営者の拠り所として手放さず、どこまでも生産現場にこだわり、同時に現場主義の限界を克服する技術者に期待し、安定的な内需に満足することなく、積極的な海外市場開拓を志向した点にこそ、権四郎の経営観が集約されていたといえる。

（1）三菱商事株式会社編［一九五八］、『立業貿易録』（同社）二七八〜二七九ページ。
（2）「国産石油発動機が南洋市場で米国品を撃破　最近の活発な輸出」『中外商業新報』一九三五年六月一五日（神戸大学附属図書館新聞記事文庫）。
（3）大阪鉄工業同業組合『鉄鋼関税引上反対陳情の概要』昭和三年一月一二日（アジア歴史資料センター、Ref. A08071606200、国立公文書館）七ページ。
（4）大阪鉄工業同業組合組長久保田権四郎、大阪鉄商同業組合組長岸本吉右衛門共同嘆願書、昭和五年一二月（アジア歴史資料センター、Ref. B08062226800、外務省外交史料館）。
（5）牛尾栄次［一九七六］、『牛尾栄次従心小史』（私家版）五七ページ。

# Ⅱ　人生・仕事観と実業の系譜

## 権四郎、「実業道」を語る

『実業之日本』（一九三六年一〇月）に掲載された記事の中で、権四郎はこれまでの軌跡を回顧して次のように語った[1]。

私は与へられた仕事に対して、その大小軽重如何を問わず、その物の精神になり切って、やった。それがために仕事そのものに感興もわき、興味ももて、どんな苦しい仕事でも、苦しいとは一寸も思はずになしとげることが出来た。

こうした権四郎を紹介して、記者は「学なく、資なく、名なく、そして、それを悲しめる者は、久保田氏のこの半生を凝視することによって、自ら奮起せざる可からざる」[2]と結んでいる。準戦時期から戦時期にかけて様々な媒体を通して、刻苦勉励の人、権四郎が広く知られるようになった。「序」で紹介した二つの伝記が刊行されるのもこの時期である。

一九三七（昭和一二）年三月八日に、大阪中央放送局から権四郎の「実業道を語る」と題するラジオ放送が流れた。[3]冒頭、権四郎は「実業を志す者にとつて一番大切な事は何か」と問いかけ、「何事でも良い事は直ぐ実行するといふ事であらう」と断言する。「此の『必ず出来る』といふ意気込みこそ、実業道に於ても又如何なる途へ這入つても、成功と落伍の岐路をなすもの」というのが権四郎の確信であった。

続いて権四郎はみずからの徒弟時代を回顧する。

肝腎の見習ひが出来ず落胆して居ましたが、或る時不図《ふと》思ひ付いた事は、師匠や先輩の物腰や手先きの動きや呼吸等を総て自ら読み取る事に依つて仕事を覚えるといふ事でした。又休日には窃かに職場に忍び込んで真似事をして見たりしてゐる内に次第に形が出来るやうに成つて来ました。少し馴れて来ると手伝ひを許されましたが、ちよつと間違つても大変で、殴られる、小突き廻はされる。それは厳格といふよりも寧ろ残酷に近いものでした。

昔の教へは心と心との精神教育であり又実物教育であり、而も心と目とを動かして油断なく自分の方から師匠の様子を読み取らねばなりません。秘伝とか極意とか云ふのは此の教育法の極致であります。

総じて文明は物を便利に、這入り易い仕組になつて来ますが、其の反面飽き易く人頼り主義で独立の気概が薄らぎやすい等と云はれます。然るに昔の実業道では、自ら求めて苦難に飛び込み自ら工夫して途を拓く、其処に自然と興味が湧き愉快を覚え不平が無くなり何処までも伸びていくのです。

明治の徒弟制のもとで鍛えられた権四郎は、みずからの経験知を語る。

堅い信念を以つてする時は大抵の事は出来る。勿論困難も多いが又慰めも大きい。そして段々仕事が面白くなり不平不満等跡形もなく消失せて時の経つのが分らぬやうになります。其処に成功のきざしがあるのです。

気の持ち方如何で大抵の辛抱は出来るものであります。努力し通して成功の鍵を握り誠実事に当り顧みて恥づる処のない境地に至つて始めて扉は開かれるのであります。

最後に是れ等に差し加へて最も大切な事は健康であります。之れ無くしては何事も云ふべくして行ひ難いものであります。自分で事業を独立経営しやうとも、又他所に勤めを仕様とも健全なる身体を以て辛抱し通す意気があれば成功疑ひなく重宝がられ可愛がられるものでありま す。

権四郎のこうした主張の通俗性、平凡さを揶揄することはやさしい。しかし学歴を持たない権四郎が経験を通して獲得したこうした信念の強靱性に思いを馳せることが、権四郎をはじめとする現場出身の叩き上げ型経営者を理解する上での第一歩であろう。

通俗性、平明さは信念の弱さの表れではない。少ない言葉で綴られた人生訓がどれだけ多くの人々を突き動かしてきたことか、私たちは日本企業者史上そうした無数の例をみている。権四郎も確かにそうした経営者の一群に属しており、同じ鋳鉄管業界のリーダーでありながら言論、弁舌の人でもあった栗本勇之助とは好対照をなしている。

「何事でも出来るんだ、仕事が面白いといふ気分を摑む迄は仮令《たとえ》大学出の人でも下積みに居て貫ひます」といった言葉に集約されるように、現場で育ち現場に鍛えられた権四郎は、学卒技術者にも現場を経験させ、その経験をその後の技術者の業務に反映させることを望んだ。現場第一主義こそ権四郎の経営理念を体現するものといえよう。

権四郎は最後に、「個人としてはよい物を安く造るといふやうな勤勉の道であります。少し押し廣めて社会的には薄利多売、買ひ手を喜ばせる共存共栄の道であり、徳義信用の相互扶助の道でありますといふ言葉で実業道に関する講演を結んでいる。

一九四〇（昭和一五）年一一月一三日、大阪中央放送局の「家庭の時間」というラジオ番組において権四郎は「私の健康法」と題する講演を行なった。(4)

その中で「私の信仰ですが、色々神仏に参詣する事に致して居ます。つい先年も休みを利用して御陵に巡拝し全部を済ましましたが、五十五年間毎月欠かさず生駒山へ御詣りを続けて居ます」と述べている。

また「健康とか、体力とかは、己れの精神力により、或点迄は改造が出来るもので、弱い身体でも其の与へられたる仕事に興味を持ち、精神力を集中して解け込んでやれば、自然に健康に恵まれるものであります。今日の若い人々は、私のかうした考へ方を恐らくは其儘《そのまま》に受け入れない方が、多からうと思ふのでありますが、今日の時局下に私の斯うした考へ方が、必ずしも間違つてゐないことが立証されて行きつゝあるやうに考へられます」とも述べ、若い世代とのギャップを意識しつつも、みずからの正しさが今、実証されつつあるとの矜持を示して講演を締め括っている。

一九四一（昭和一六）年二月一三日のラジオ放送で、権四郎は「仕事を楽しむは健康と能率増進の基」と題する講演を行なった。(5)

冒頭、権四郎は「仕事に対する私の信念を申しますと、先づ第一に我を忘れて其の仕事に魂を打ち込むこと、即ち信仰に這入る事であります」と述べ、「張り切つた気持で楽しく仕事をすれば苦労は苦にならず、仕事に興味もわき、能率も上り、技術も進み、そこに良い発明など出来る」として年来の主張を繰り返している。

現場の人、権四郎は文字の人、言説の人ではなかった。彼の信念を言葉にすれば極めて単純であるが、その単純さが大きな力になることを体現してきたのが権四郎であり、このことは大企業になった久保田鉄工所に知れ渡っていたといえよう。

小田原大造によれば、権四郎は「その経歴からもわかる通り、みずから求めて難関にぶち当たってゆくという実力主義の信奉者」であり、「強い社会正義観、すぐれた発明の才能、たくましい事業欲をかね備えた大人物」であると同時に「旧式資本主義の環境の中で伸びて」きた人物であった。(6)

二二歳年下の小田原大造ですら、考え方の違いを意識せざるをえない権四郎であれば、若い従業員にとってさらに遠い存在であったろう。しかし一方で「御主人」としての権四郎の実践、実績がその距離を縮めていたことも事実である。

一九二五(大正一四)年に久保田鉄工所に衡器部が新設され、その責任者となった高木義一は、権四郎から「人間は阿呆になることを知らねばいかん」と言われたことを後に回顧している。「人は自我を脱することは出来難いもので、他人を見んとするとき、不知の裡に自己を尺度として居るもの」というのが権四郎の言葉から得た教訓であった。(7)

一九四〇（昭和一五）年一〇月一九日に挙行された株式会社久保田鉄工所創立五〇周年記念式典の冒頭、権四郎は一八九〇（明治二三）年の開業当時を振り返り、「鉄工業者に対する世間一般の認識は極めて浅薄で、一種のさげすみをさへ持つてゐる様な実情でありました。従つて私等も、本来資力乏しき上何等信用も与へられず、経営上尠《すくな》からず苦心と困難が存したのであります[8]」と述べている。

このいわれなき差別にも等しい境遇への反骨心が、権四郎の原動力になったのは間違いないだろう。

権四郎（右）と小田原大造

横山源之助の『日本の下層社会』に詳述されているように、明治期において職工であること、工場労働者であることは下層社会の一員であることと大きく重なっていた[9]。第一次世界大戦中にある労働者はみずからの経験を次のように回顧した[10]。

「皆嬉しさうに中学校へ通うのに、何故自分だけはかうした悲しい工場に来ねばならぬのか。昨日の友は今日途で逢つても（中略）もう誰も対手《あいて》にして呉れない。あゝ俺はどうなるのか、友は皆豪くなる出世をする。俺は嘲けられつつ苦しい骨折をして、余り佳い生活の出来ぬ職人となるのか。あゝ工場を止めたい。学校へ行きたい」。

松沢弘陽によると、労働者は「堅気」の社会の人びとから軽蔑されると同時に恐れられていた。「車夫馬丁職工ノ類」といった制札が堂々と掲げられ、『お前そんな不勉強だと××会社のセメント職工にするぞ』『泣くと××の職工を連れて来るよ』といったおどかしが通用したという[11]。

明治期から大正期にかけての労資関係の展開過程を分析した兵藤釗《つとむ》は、日露戦争後にいたって大経営労働者の下層社会からの離脱がはじまり、本格的な離脱は第一次世界大戦後とした[12]。多くを語ることはなかったが、こうした境遇への反骨心が、権四郎の精力的な活動を支えていたのは事実であろう。

その権四郎が、創立五〇周年記念式の晴れやかな日に、居並ぶ名士たちの前で約半世紀前の思い出を語ったのである。

いまや満洲久保田鋳鉄管、尼崎製鉄、日本鋳鉄管を含めて合計資本金六九〇〇万円の事業を統括する権四郎は、「常に『自分の魂を打込んだ品物を作り出すこと、又其の品物には正しき意味に於ける商品価値を具現せしむること』此二点に全精力を集中することが私の天職であり、又之が職業を通じて国家に尽す道であると云ふ信念を以て、業務に没頭致して参り今日に及んだ」として挨拶を結んだ[13]。

## 側近たちがみた権四郎像

一九〇四（明治三七）年に生まれ、第一次世界大戦中の一八（大正七）年一月に一三歳で久保田鉄工所に入所し、二七（昭和二）年二月から隅田川精鉄所で経理を担当し、その手腕が権四郎の目にとまって、三三年四月から久保田鉄工所総本店社長室に勤務した牛尾栄次は、戦後の四六年六月に監査役、四八年一月に常務取締役に就任する。[14]

戦後、牛尾は様々な機会に権四郎の思い出を語り、「人使いの荒さでは久保田権四郎翁が一番でした。その次が小田原さんだ。（中略）自分（権四郎―引用者注）は小学校も、満足に出てないのに、鉄管の立吹鋳造法なんかを発明しましてね。アメリカのエジソンのようなもので、技術者を呼びつけて、色々の話をきき、図面をかかせて、そして実験するんです。それを、自分で全部指揮しましてね。そして、特許をとるのです。（中略）人使いは荒かったけれども、人の見分けのよくつく人だった。本当に偉い人だと思います」と回顧した。

また牛尾は、権四郎に関する興味深いエピソードを語っている。[15]前述の創立五〇周年記念式典の時、招待者に折り詰めが供されたが、「有名な割烹料理店数軒から、先ず見本を取り寄せた。権四郎社長は、見本を仔細に吟味のあげく、その中の一折を取り上げ『これと同じモノを、もっと安いよその店でつくらせよ』と命じた」という。

また戦時中に、自分の屋敷のある町内に消防ポンプを寄贈することになったため、「社内の資材係がその購入を命ぜられた。係は早速馳《ママ》けずり廻って買付をおわり、その旨を報告すると、社長は、先ず『ご苦労』と言う代わりに『君ッ、値切ったか?』と質ねたという」。

こうした権四郎の言動について、「この種の挿話には、横を向く人もあろう。——私は、立派だと思う。『ご主人』だとか『社長』と呼ばれ、大きい廻転椅子にでも坐るようになれば、たとえ肚の中ではそう思っても『君ッ、値切ったか』と質ねることは躊躇されるのが一般だろう。それを、何んのこだわりもなく率直に言えるところが、矢張り偉いと思う」というのが牛尾の権四郎に対する人物評であった。

川端駿吾(一九二九年入社)は「大正から昭和のはじめにかけての事業家は、ただもうければよい、そしてもうけたものは自分の好き勝手に使うのに何はばかることがあるか、というような風潮があったように思いますが、あの方はその辺が違っていたように思います。事業をやります。もうけます。そうすると、その利益の大部分を職場に突っ込まれました。工場の設備とか、施設を新しくするのを非常に勇敢にやられた人です[16]」として、権四郎の設備投資への積極的な姿勢を評価した。

またのちに堺工場長に就任した柳生種治郎(一九三五年入社)によると、「権四郎社長は出社の挨拶に来た私に、いきなり、農発の倍額増産と所謂《いわゆる》、町工場から近代工場への脱皮を命ぜられ[17]」、これを受けて柳生らは三ヵ月後に月産六〇〇台を達成したという。

## 権四郎と中川懐春との関係

ここで、権四郎と中川懐春《やすはる》との長いつき合いについて述べておこう。中川は松下冷機社長、松下電器産業副社長として、松下幸之助と深い関係にあった経営者であるが、同時に中川は、昭和初期から権四郎と密接な関係を有していた(18)。

中川は、一九〇七(明治四〇)年に大阪市谷町筋で鉄商を営む中川懐太郎とらくの長男として生まれた。中川は成器商業学校中退後、父が懇意にしていた工作機械メーカーの平尾鉄工所に出入りしながら機械構造などを学び、一九三二(昭和七)年に父の友人の紹介で、堺市在住の金田元三郎の長女モトヱと結婚する。結婚後、懐春は金田家が権四郎と姻戚関係にあることを知り、その縁で権四郎と知り合うことができた。

結婚と同時に姉婿に家業を譲った中川は、アメリカ製工作機械の輸入業務に関心を持つようになり、権四郎から三菱商事ニューヨーク支店を紹介され、一九三三年一〇月に初めて渡米する。三菱商事の紹介で、デトロイトやシンシナチの機械工場と接触ができ、中川は日本で需要の大きいアメリカ製中古工作機械の輸入業務を開始した。一九三五年の第三回渡米時から正式に三菱商事ニューヨーク支店に席を有するようになり、三七年の第五回渡米時には同社のサブエージェントとなった。

日中戦争勃発後の一九三七年一〇月、中川は谷町の機械商中山亀太郎と溝口歯車の溝口良吉の出資を得て、工作機械商社・三精機械を設立した。しかし工作機械の生産・流通に対する戦時統制が深まり、さらにアメリカ製工作機械の輸入も難しくなると、中川は商社からメーカーへの転身を決意した。

中川のこの考えに、権四郎だけでなく、機械取引を通して知己となった東洋工業の松田重次郎も全面的な賛意を表してくれた。一九三九年二月に、久保田鉄工所関係者から資金的援助を受けて、布施市（現東大阪市）高井田に中川機械株式会社が設立された。

発起人は中川懐春、久保田静一、須山令三、五島伊作、酒井栄三（久保田鉄工所関係者）、梅本悦三、梅本健二（静一の妻の弟）の七名であった。

生産機種としてクランク式電動機直結の形削盤が選ばれ、一九三九年五月には待望の第一号機が完成した。鋳物は久保田鉄工所から供給され、同年一一月に、三菱商事との間で一手販売契約を締結し、資金面でも三菱商事の支援を受けることになった[19]。権四郎の庇護の下に、アメリカ製中古工作機械輸入商社、さらに中川機械の設立へと進んだ中川にとって、権四郎は経営上の師として大きな存在であった。

一九四一年七月に、中川機械は資本金を二〇〇万円に増資するが、翌年一一月の精密機械統制会考査部の調査によると、「関係会社、中川機械は当専務（久保田鉄工所─引用者注）久保田静一が会長になり、四万株中一万八千七百株久保田掌握す[20]」とある。しかし中川電機編『中川三十年の歩み』では、静一が会長であることは触れられておらず、二〇〇万円への増資の際に、中川が専務取締役（それまで社長制を採用せず）から社長に就任したことを記すのみである。したがって、静一の会長職は非公式のものであった可能性が高い。

権四郎及び久保田一族と中川懐春の関係は戦後も続いた。戦時中、日産自動車系の会社に関東工業（一九四九年閉鎖）があり、宇都宮に工場を有した。日産から派遣された社長が久保田篤次郎であったが、終戦によって工場が閉鎖されると、同社技術陣は篤次郎が取締役製造部長に就任した中川機械に移って電気冷蔵庫の製作を開始した。

ところが量産試作の遅れから、篤次郎と関東工業の技術者の多くが、一九四六年一二月に中川機械を離れることとなり、今度は久保田鉄工所堺工場の青年学校の建物を拠点にして、株式会社旭産業社（現クボタ精機）を設立し、引き続き電気冷蔵庫を生産することを計画した。

しかし技術力のあるこの技術者集団に対して、権四郎は耕耘機製作を勧め、試作機が完成した。旭産業社は一九四七年五月に旭産業に社名変更し、その後久保田鉄工の系列企業として成長した。[21]

一方、一九四七年一月末に久保田静一、梅本健二、酒井栄三、久保田藤造ら久保田系の全役員が、権四郎の承諾のもとで中川機械から退いた。翌二月から中川機械は進駐軍用冷蔵庫の生産を軌道に乗せるが、これがのちに同社の基軸製品となった。[22]

権四郎は中川に対して「大衆と直結する品物をつくれる機会を得たら、絶対に見逃してはいけない」と語っていたが、中川にはその時期が到来したように思えた。しかし中川機械には独自の販売ルートを構築する力はなく、一九五一年八月に、社内では三日間にわたって松下電器産業との提携について議論が交わされた。

全員一致の結論が出たわけではなかったが、最後に中川が決断して、松下電器産業と提携することになった。久保田鉄工所と中川機械の関係が公式には切れた後も、個人的に中川を支援していた権四郎が松下電器との仲介に立つことになり[23]、中川は権四郎と一緒に松下電器産業を訪問し、松下幸之助に面会して、国内向け家庭用電気冷蔵庫の生産を希望し、販売一切を同社に一任する旨を申し出た。幸之助はわずか二、三〇分の会見でこの申し入れを承諾し、八月五日に両社の間で提携に関する覚書が交わされた。続いて翌年一月三一日に第二次の覚書が交わされ、中川機械の株式の半分を松下電器が保有し、必要に応じて役員を派遣することが決められた。

中川機械は一九五三年八月に中川電機、その後、一九七二年一一月に松下冷機と社名変更、二〇〇八年に松下電器産業に吸収合併された。

## 松下幸之助の権四郎観

松下幸之助と権四郎はいつからかは定かでないが、親交があった[24]。『ナショナルショップ』第三巻第二号（一九四九年二月）には「商人訓」といったコラムがあり、その中で「熱心は必ず勝つ」（久保田権四郎）といった言葉が引かれている[25]。

権四郎が没してから二年半後の一九六二（昭和三七）年五月に、松下幸之助は久保田鉄工株式会社の販売研修会において権四郎の思い出を語っている[26]。「久保田さんご自身、お会社ご自身が経営の名人といいますか、商売の名人でいらっしゃるので、私が皆さんにお話し申しあげるのはどうも当を得ない」とことわった上で、幸之助は思い出を語り始める。

第一次世界大戦初期であるが、大阪電灯の工員時代に久保田鉄工所の本店工場（後の船出町工場）に電線の架設工事にでかけた際、幸之助は工場の規模の大きさに驚く。その時の印象が強く、幸之助は「自分も商売いたしましてから、知らず識らず久保田さんの経営と申しますか、お会社というものが、私の頭にこびりついておったと思うんです」、「久保田さんは事業家として大先輩であられるし、また久保田鉄工所そのものが、われわれには非常にあこがれの的でした」、「皆さんは直系の弟子であるし、私は傍系の弟子みたいなもの」、「大先輩でありますが、ちょうど私と同じような経歴の持ち主といいますか、行き方がほとんど変わらない。やはり年若くして、ごく小規模から立ち上がり、今日の大久保田を形成された方」といった発言を続け、「お師匠さん」とも評した[27]。

権四郎は幸之助よりも二四歳も年長であるが、明治後期から昭和期にかけて大拡張をとげる久保田鉄工所の「御主人」権四郎の存在は、幸之助はじめ後に続く野心的な若い企業者にとってあこがれの的、生きたビジネスモデルとなっていた。

日刊工業新聞社編『現代工業人大銘鑑』（一九四一年刊行）には、二四九八名の経営者の略歴が示されているが、そこから大阪府・京都府・兵庫県在住の創業者型機械工業経営者（機械関係の商社・問屋経営者一二八名を含む）四七八名の創業時期別平均創業年齢をみると、**表16**の通りであった。

表16　創業時期別創業者型機械工業経営者の創業年齢

（人、歳）

| 創業時期 | メーカー | | 商社・問屋 | | 合計 | |
|---|---|---|---|---|---|---|
| | 人数 | 平均創業年齢 | 人数 | 平均創業年齢 | 人数 | 平均創業年齢 |
| 1890-1913 | 22 | 25.5 | 6 | 27.0 | 28 | 25.9 |
| 1914-1919 | 40 | 26.5 | 22 | 27.5 | 62 | 26.9 |
| 1920-1924 | 59 | 30.1 | 22 | 28.1 | 81 | 29.5 |
| 1925-1929 | 81 | 30.4 | 23 | 30.0 | 104 | 30.3 |
| 1930-1934 | 63 | 34.0 | 25 | 33.4 | 88 | 33.8 |
| 1935-1940 | 85 | 38.7 | 30 | 35.9 | 115 | 38.0 |
| 合計 | 350 | 32.3 | 128 | 31.1 | 478 | 32.0 |

［出典］　沢井実［2013］、『近代大阪の産業発展－集積と多様性が育んだもの－』（有斐閣）102ページ。1940・41年調査による。大阪府・京都府・兵庫県在住の創業者型機械工業経営者を表掲。

四七八名の中には、権四郎、幸之助、椿本説三、早川徳次、天辻晋太郎といった著名な創業者型経営者が含まれている。**表16**から明らかなように、メーカー・問屋ともに平均創業年齢は着実に上昇し、第一次世界大戦期と一九三〇年代を比較すると、メーカー経営者で約一二年、商社・問屋経営者で約八年上昇していた。

権四郎の独立創業は一八九〇（明治二三）年、一九歳の時であり、二三歳の幸之助が松下電気器具製作所を設立したのは一九一八（大正七）年であった。**表16**から権四郎と幸之助の創業年齢がそれぞれの創業時期別の平均年齢よりも低いことがわかる。幸之助にとって権四郎は目指すべき目標であり、幸之助はそれに続く世代にとっての目標であった。

こうした目標の連続的な出現が陸続とした独立開業を促す条件であり、近代日本経済の活力の淵源であったといえよう。明治の権四郎、大正の幸之助、さらに昭和の懐春といったように、後に続く者は先行者から多大な影響を受けつつ、実業の系譜は途切れることなく続いた。権四郎はこうしたCaptains of Industry（産業界のリーダーたち）の第一世代を形成したのである。

（1）安宿政一［一九三六］、「鋳物工場の少年工から大阪工業界の大立者となった久保田鉄工所社長久保田権四郎氏」『実業之日本』第三九巻第一九号（実業之日本社）八三ページ。
（2）同前。
（3）以下、竹下百馬・猪股昌孝編［一九四一］、『株式会社久保田鉄工所創業五十周年記念祝典誌・満洲久保田鋳鉄管株式会社創立五周年記念誌』（久保田鉄工所総務部文書課）の附録『ラヂオ講演集（久保田権四郎）』所収の「実業道を語る（一九三七年三月八日放送の筆記録）」による。
（4）以下、同前（附録）所収の「私の健康法（一九四〇年一一月一三日放送の筆記録）」による。
（5）以下、同前（附録）一五ページ所収の「仕事を楽しむは健康と能率増進の基（一九四一年二月一三日放送の筆記録）」による。
（6）小田原大造［一九六二］、「私の履歴書」『私の履歴書』第一六集（日本経済新聞社）一〇一、一一一、一一一ページ。
（7）高木義一［一九四一］、「如是我聞」前掲『株式会社久保田鉄工所創業五十周年記念祝典誌（・満洲久保田鋳鉄管株式会社創立五周年記念誌）』一七ページ。
（8）同前書二六ページ所収の「社長挨拶」による。
（9）横山源之助［一九四九］、『日本の下層社会』（岩波文庫）を参照。
（10）福田龍雄［一九一七］、「少年の工場生活問題（二）」『労働及産業』五月号（友愛会本部）。松沢弘陽［一九

七三〕、『日本社会主義の思想』（筑摩書房）一二三ページより再引用。
(11) 同前『日本社会主義の思想』一二六ページ。
(12) 兵藤釗〔一九七一〕、『日本における労資関係の展開』（東京大学出版会）。
(13) 前掲『株式会社久保田鉄工所創業五十周年記念祝典誌（・満洲久保田鋳鉄管株式会社創立五周年記念誌）』二七ページ所収の「社長挨拶」による。
(14) 牛尾栄次〔一九七六〕、『牛尾栄次従心小史』（私家版）四四八〜四四九ページ。
(15) 以下、同前四四二ページによる。
(16) 同前二九五ページ。
(17) 同前二九七ページ。
(18) 以下、中川電機編〔一九六九〕、『中川三十年の歩み』（同社）二〜三〇、六五ページによる。
(19) 戦時中の中川機械の動向については、沢井実〔二〇一三〕、『近代大阪の産業発展─集積と多様性が育んだもの─』（有斐閣）一七九〜一八四ページ参照。
(20) 生駒俊太郎「株式会社久保田鉄工所調査」昭和一七年一一月二五日（精密機械統制会『経理調査』所収）。なおこの経理調査は精密機械統制会『兼業調査報告綴』所収資料（タイプ印刷）の手書き原本であり、久保田のこの株式保有状況に関する記述のみがタイプ印刷版資料では削除されている。
(21) 久保田鉄工編〔一九七〇〕、『久保田鉄工八十年の歩み』（同社）二九八ページ。
(22) 以下、前掲『中川三十年の歩み』六五〜六七、九七〜九九ページ及び松下冷機編〔一九八九〕、『松下冷機五十年の歩み』（同社）九五〜九六ページによる。
(23) 権四郎は、元住友本社総理事である古田俊之助について、「古田さんは、真に住友マンでありました丈に、物事の判断は極めて慎重であり決して軽々しくせられない方でありました。又、一昨年（一九五一年─引用者注）の夏頃のことと思いますが、或る事柄の御相談でお会い致しました際は、誠に御親切な御教示に預り」と述べている。古田俊之助氏追懐録編纂委員会［一九五四］、『古田俊之助氏追懐録』（同会）一五四ページによる。一九五一年夏頃の「御相談」の内容は明らかにされていないが、中川機械と松下電器産業の提携について、古田から幸之助への働きかけを依頼したのであろうか。

（24）松下幸之助［二〇〇一］、『松下幸之助　夢を育てる』（日経ビジネス文庫）六四ページ。

（25）『ナショナルショップ』第三巻第二号（ナショナルショップ出版社）二三ページ掲載記事「商人訓」による。同号は一九四九年二月一日発行。

（26）以下、ＰＨＰ総合研究所研究本部「松下幸之助発言集」編纂室編［一九九一］、『松下幸之助発言集』第六巻（ＰＨＰ研究所）四一〜四七ページによる。

（27）同前四一〜四二、四七ページ。

## Ⅲ　技術・技術者観

### 技能形成を通じて獲得された技術観と技術者観

権四郎は、最初は看貫鋳物、次いで日用品鋳物、機械鋳物職人として腕を磨き、その後に鋳鉄管製造に参入した。

「最近では所謂《いわゆる》年季制を採つて居る工場は尠い模様であるが、修業年限は普通十六、七歳から適齢迄である。十六、七歳で見習となり適齢まで真面目に勤務すれば、鋳型造りから鋳型に銑鉄を注入する作業まで一切を習得し一人前の職人となれる。養成方法に就いて言へば、最初は砂篩ひ、工場内の雑用に従事して傍ら鋳型造り其の他の仕事を見学して一応の知識を得る。斯くして一年も経過すれば先輩職工について型造りの指導を受け、最初は小さい簡単な鋳型造りから始め、慣れるに従つて次第に大きな複雑した型造りを習ふ。次に鎔銑注入作業を習得するのであるが三、四年も確実に習へば大抵何でも出来る様になる」[1]というのが、一九三〇年代半ばの東京の機械鋳物業における技能形成のあり方であった。

権四郎が徒弟修業を行なったのは、それより約半世紀前の大阪であった。みずからの熟練形成の第一歩を、権四郎は次のように語っている[2]。

やつと小さな鋳物屋の小僧にみ《ママ》住こみました。自分ではもう一廉の鋳物師に成つたやうなつもりで喜んだのはよかつたが、毎日使ひ歩るきばかりで肝心の仕事は少しも教へて貰へません。稀に職場の掃除を言ひつかるのがとても嬉しかつたものです。といふのは是れによつて仕事場に這入る事が出来たからです。こんな工合で肝腎の見習ひが出来ず落胆して居ましたが、或る時不図思ひ付いた事は、師匠や先輩の物腰や手先きの動きや呼吸等を総て自ら読み取る事に依つて仕事を覚えるといふ事でした。又休日には窃かに職場に忍び込んで真似事をして見たりしてゐる内に次第に形が出来るやうに成つて来ました。

一九三〇年代に入っても現場を離れなかった権四郎は、現場こそ技術の源泉であり、問題解決の場所と考えていた。権四郎は同時に「技術者は如何しても職工の体験を経て来ぬと一人前の技師になれぬ」[3]として、学卒技術者にも現場でもまれることを期待した。

しかし一方で権四郎は、一回目の海外出張には久保田篤次郎、二回目の海外出張には田中勘

七、小林義彦の両技師を同道しており、海外技術の導入という新技術吸収の際には技術者の視点を尊重した。

権四郎の技術観は、叩き上げの人物にありがちな刻苦勉励のみを尊重する視野の狭いものではなく、新技術を理解できる技術者の考え方を取り入れる柔軟なものであったといえよう。それがなければ鋳鉄管製造における継起的な技術向上も実現できなかったに違いない。

徹底した現場主義と現場主義の限界への深慮、この二つが権四郎の技術観を貫いていた。権四郎の数少ない言説では現場第一主義が前面に出るが、その背後にある現場主義の限界に対する権四郎の冷徹な認識にも目を向ける必要がある。

また権四郎は「工業を発達せしめるには分業を促進して各人の仕事を専門化することがなにより必要です。専門化すれば発明が生まれてきます。日本人は模倣性に長じていて、発明の才能に乏しいといふ人がおりますが、私は日本人は発明の才能について決して外国人に劣つていない、これまで発明の生じるやうな環境に置かれてゐなかつたに過ぎぬ」と言っている。(4) 発明行為の前提として分業・専門化の進展に注目した、これもみずからの経験に依拠した権四郎の発明観、技術観の表明であった。

権四郎が文書で指示を出すことはなかった。(5) すべて口頭で指示を出し、それを実行させた。またその精力的な活動はいくつものエピソードを生み出した。

「夜行で東京に出張し、昼間がっちり仕事をし、その日の夜行で大阪に帰って、朝にはちゃんと出勤して働く」、この「夜行往復主義」は権四郎が没した後も、一九六四（昭和三九）年の東海道新幹線の開業まで久保田鉄工では全社的に実行されていたという。

## 研究開発について

研究開発に関する権四郎の考え方がうかがわれる貴重な発言がある。(6)

発明とか改良とかいふものは非常に困難なものである。仮りに発明改良といふもの丶価値を一〇〇とすれば、思ひ付や考案といふ様なもの丶価値はその内の二〇か三〇位のものであらう。残りの七〇乃至《ないし》八〇は考案を実現する迄の努力の価値とせねばならぬと思ふ。（中略）如何に好い考へであつても之を実現せしめ更に之を実用化するといふ事は容易に出来ることではない。之には少なからぬ努力と根気とを必要とする。真に魂を打込んで寝食を忘れて没頭しなければ完成するものではない。（中略）従つて発明といふものは金と時間とプランのみを授けて他人にやらして見ても、中途で何とか彼とか言つて挫折して終ふものだ。それは魂が這入《はい》つて居らぬからである。矢張り自分で考へ自分でやらなければ本当のものにはなり兼ねる。

着想に形を与え、それを実用化するまでの長い道のりを考える時、スタート時点の「思ひ付や考案」は全体の二、三割であると言い切る権四郎の脳裏には、明治期以来の研究開発、商品化の経験があったに違いない。また学校出の技術者に対しても、権四郎はしばしば仕事や研究開発に関する心がけについて助言を行なっている。

学校出の若い人なんか、自分の教わった学理から直ぐ推断して、そんなことはできないでしょうと決めてしまう。これはいけないことで、自分の教わった学理にとらわれて、かえって自由を奪われているのです。あたかも自分で自分の境地を狭めているようなもので、この一線を飛び越えて自由な新境地に乗り出すことが必要です。[7]

学校出の技術者への期待と高等教育がもたらす視野の狭さ、硬直性に対する警戒。教育に対するスタンスにおいても、権四郎はあくまで柔軟であった。

みずからは経験していない学校教育に対する尊敬の念と、学卒者を鍛え、彼らに柔軟性と創造性を付与する現場への信頼の双方を権四郎は生涯持ち続けた。みずからが育てられた現場、その現場を相対化し、より高い次元に導いてくれる学卒者、あるいは科学技術の役割、それらの成果である製品の需要者それぞれに対する畏敬の念こそが、権四郎を非凡な経営者にしていた源であった。

（1）職業紹介事業協会編［一九三七］、『日本職業大系Ｖ工業篇二』（同会）一三七～一三八ページ。

(2)竹下百馬・猪股昌孝編［一九四一］、『株式会社久保田鉄工所創業五十周年記念祝典誌・満洲久保田鋳鉄管株式会社創立五周年記念誌』（久保田鉄工所総務部文書課）の附録『ラヂオ講演集（久保田権四郎）』所収の「実業道を語る（一九三七年三月八日放送の筆記録）」二ページ。
(3)朝倉乗之輔［一九四一］、「入社当時の久保田鉄工所並に社長の局面打開策」同前『株式会社久保田鉄工所創業五十周年記念祝典誌（・満洲久保田鋳鉄管株式会社創立五周年記念誌）』五〇ページ。
(4)上野卓爾編［一九二九］、「鉄工業に成功　久保田権四郎氏」『我等が先輩』（春秋社）三四ページ。
(5)以下、『水道公論』編集部［一九六八］、「近代上下水道史上の巨人たち（一一）　鉄管に生きた久保田権四郎」『水道公論』第四巻第一二号（日本水道新聞社）二七ページによる。
(6)久保田鉄工所『社報』一九四一年三月、五ページ所収の社長逸話「独創力と研究心」。
(7)久保田権四郎述、吉田禎男編［一九八九］、「今昔を語る」株式会社クボタ人事部編『創業時のクボタと権四郎翁』（同部）八九ページ。

# Ⅳ　郷土愛

## 社会貢献事業

権四郎の行なった社会事業として、私立徳風小学校の設立と運営がある。一九一一（明治四四）年に、権四郎は協力者とともに私立徳風小学校を設立した。難波警察署長天野時三郎は、スラムの問題に関心を有する一人であり、その相談に乗った権四郎は、借家ながら夜学校を設置して、子供たちに学習の場を与えようとした。

この徳風小学校の経営を、権四郎は一九二二（大正一一）年まで続けた。同校は、大阪市の希望から同年に積立金とともに、大阪市教育部に委譲されることになり、その後身として徳風勤労学校が活動を続けた(1)。

一九二六年年二月に、権四郎は大阪府知事より実業功労者として表彰され、帝国発明協会から

**表17　大阪鉄工業同業組合組合員数・職工数（1924年度末）**

（人）

| 部別 | 組合員数 | 職工数 |
|---|---|---|
| 機械 | 541 | 15,073 |
| 鋳造 | 106 | 4,425 |
| 火造 | 150 | 2,345 |
| 製缶 | 37 | 547 |
| 造船 | 5 | 3,810 |
| 木型 | 94 | 280 |
| 鋲螺 | 76 | 721 |
| 真鍮砲金鋳造 | 29 | 187 |
| 合計 | 1,038 | 27,388 |

［出典］　大阪鉄工業同業組合組長栗本勇之助「労働組合法案ニ対スル意見書」大正14年9月17日（アジア歴史資料センター、Ref. C08051332200、海軍省公文備考、防衛省防衛研究所）。

発明考案について、陸軍大臣から兵器製造について、それぞれ表彰され、二八（昭和三）年一一月には、長年にわたる瓦斯・水道用鉄管製造によって、緑綬褒章を下賜された(2)。

また一九三五年時点で、大阪度量衡同業組合、大阪鉄工業同業組合(3)の第三代組長、大阪工業会理事、商工中心会評議員、土地協会評議員、大阪工業協会理事、大阪工業研究会理事、帝塚山学院理事、日本度量衡協会理事、メートル協会理事、大阪府産業調査員などの要職に就いていた。

特に大阪鉄工業同業組合は、権四郎の業界活動の中心舞台であった。一九二四（大正一三）年度末の部別組合員数及び職工数は、表17の通りであった。鋳造部は機械部に次ぐ職工数を有し、この時期には、不調の造船業を上回っていた。

権四郎の社会貢献事業は、その後も続いた。一九三九（昭和一四）年一一月に大阪帝国大学に産業科学研究所が設置されるが、創立資金五二万三〇〇〇円のうち、政府支出金は二五万円、民間支出金が二七万三〇〇〇円であった。

権四郎は一九三九年末に、産研の支援団体である財団法人産業科学研究協会に対して、五〇万円の寄付を申し出、(4)この資金を基礎にして、一九四一年度には産研に鋳物を研究する製造冶金部が設置された。(5)

**郷土への思い**

権四郎の郷土への思いには限りがなかった。長年にわたって郷里から多くの人々を雇用し続けただけでなく、権四郎は郷里大浜村への資金援助を惜しまなかった。

一九一三（大正二）年、尋常小学校に高等科が併置される際に、権四郎は寄付を行い、(6)大浜村の尋常小学校は一七年に「授業料を徴収して居たが、篤志家久保田某が毎年三百円宛《ずつ》の寄附をしてゐるので、授業料の徴収を中止して、入学を奨励したので、就学歩合も成績好く、出席歩合も、九十八という成績を挙げて居る」(7)と指摘され、同村は模範村として全国に紹介された。

その後も権四郎の郷里での公共工事などへの寄付は続いた。

一九二一年の外浦《とのうら》・鏡浦の平田道路改修、二三年の大浜・中庄《なかのしょう》の海岸道路建設、二七（昭和二）年の中庄・重井道路建設、二八年の大浜小学校講堂建設、敬老館建設、三六年の見性寺山門建設、三九・四〇年の西港埋め立て、防波堤、添川道路、久保田橋（第一〜第四）建設などがその主なものであった[8]。

権四郎の郷里への資金援助はこれにとどまらなかった。芸備協会、御調郡教育会、神社寺院基本金などへの寄付も数多くあり、一九二三（大正一二）年四月二二日付の大浜村長河野勇から権四郎に贈られた感謝状には「社寺ノ維持金ニ村ノ基金ニ凡ソ改修新規ノ施設アル君ノ出資ヲ仰ガザルコトナシ特ニ君ガ親姻ニ対スル情ノ厚キハ人ノ羨望措カサル所ナリ」と記された[9]。

戦時中に権四郎は郷土への思いを以下のように語った[10]。

故郷のために尽くしたってですか、お話する程のことじゃありません。早く故郷を出たが、しかし、自分が生まれて育てられた土地ということが、しみじみ有難く考えられ、故郷の恩を忘れてはいけないと常に思っていましたので、自分の愛着と感謝の、気持ちだけのことをしたまでです。微力思うに任せず、お恥ずかしいことです。

権四郎の墓所は、郷里因島大浜町の見性寺にある。幼年時に小学校でもあり、権四郎も通った見性寺の高台の墓所からは、眼下に瀬戸内の多島海が広がる。故郷を愛し、故郷の人びとに多くの雇用の機会を提供し、故郷の発展に精神的にも物質的にも多大な貢献を果たした権四郎の安息の地として、これ以上の場所はないだろう。

人並み外れた刻苦勉励を継続し、立身出世を実現した権四郎は、近代日本が生んだ力作型実業

久保田翁記念園内の銅像

大浜村の埋立港湾道路建設記念碑

齋島神社の頌徳碑

家の典型であり、没後も故郷の自然に抱かれて眠っている。

権四郎の三十三回忌を迎えるにあたり、権四郎の功績を称え、遺徳を偲んで、一九九一（平成三）年一一月に、因島市立大浜小学校久保田翁記念園内に、権四郎の胸像が大浜町民によって建立された。

さらに一九九三年一一月に、大浜町の齋島《いむしま》神社において久保田権四郎翁頌徳祭が開催され、以後毎年同月に行われている。

（1）挟間祐行［一九四〇］、『此の人を見よ―久保田権四郎伝―』（山海堂出版部）二〇四～二一三ページ参照。
（2）以下、大阪府知事官房編［一九三二］、「久保田権四郎」『勅定褒賞録』（同知事官房）、及び大阪府知事官房編［一九三五］、「鉄管製作改良功労者　久保田権四郎」『実業功労者苦心談』（同知事官房）二四四ページによる。
（3）一九一七年設立の大阪鉄工業同業組合の初代組長は栗本勇之助であり、権四郎は第二部長（鋳造）に就任した。一九一七年一二月五日発行の『鉄工造船時報』第二巻第一二号（鉄工造船時報社）七ページ掲載記事「大阪鉄工業同業組合創立総会」による。第二代組長は有光丑太郎、この時、権四郎は副組長であった。大阪鉄工業同業組合［一九四〇］、『組合員名簿』昭和一五年四月現在、三ページによる。
（4）「鋳物部に五十万」『東京朝日新聞』一九三九年一二月一七日。
（5）沢井実［二〇一二］、『近代大阪の工業教育』（大阪大学出版会）八三～八五ページ。
（6）上野他七郎編［一九二二］、『優良町村便覧』（中央報徳会）三〇二ページ。
（7）香坂昌孝［一九一七］、『模範農村と人物』（求光閣書店）五二ページ。

（8）メカリ写真植字（企画・編集）［一九九二］、『故久保田権四郎翁の遺徳を偲んで』（故久保田権四郎翁胸像設立世話人会）二〇〜二二ページ。

（9）同前三〇〜三一ページ。

（10）株式会社クボタ人事部編［一九八九］、『創業時のクボタと権四郎翁』（同社）五三ページ。

# 「企業家・久保田権四郎」略年譜

| 西暦 | 和暦 | 齢 | 関係事項 | 社会状況 |
|---|---|---|---|---|
| 一八七〇 | 明治 三 | | 10月3日、備後国御調郡因島大浜村（現広島県尾道市因島大浜町）に、大出家の三男として生まれる<br>以降、貧しい家庭環境に身を置いた少年期を過ごす | この年、普仏戦争勃発 |
| 一八八五 | 一八 | 14 | この年の春、単身大阪に出、鋳物屋の小僧となる | 12・22第一次伊藤内閣成立 |
| 一八八八 | 二一 | 17 | 7月、父・岩太郎が没する | 4・25市制と町村制の公布 |
| 一八九〇 | 二三 | 19 | 2月、大阪市南区御蔵跡町（現中央区）で大出鋳物を開業 | 11・25帝国議会召集 |
| 一八九一 | 二四 | 20 | この年、大阪市南区高津町（現中央区）に移転、同郷のサンと結婚する | 5・11大津事件 |
| 一八九三 | 二六 | 22 | この年の夏、工場の失火により、大阪市南区西関谷町に移転 | 4・14出版法・版権法公布 |
| 一八九四 | 二七 | 23 | この年、大出鋳造所に改称 | 8・1日清戦争始まる |
| 一八九五 | 二八 | 24 | 7月、母・キヨ没する | 4・17下関条約調印 |
| 一八九七 | 三〇 | 26 | この年、久保田鉄工所に改称、「合わせ型斜吹鋳造法」を開発 | 10・1金本位制実施 |
| 一八九八 | 三一 | 27 | この年、海軍から異形管を大量受注、以後、鉄管鋳造において躍進を果たす | 6・30日本最初の政党内閣成立 |

| | | | | |
|---|---|---|---|---|
| 一九〇〇 | 三三 | 29 | この年、立込丸吹鋳造法により「合わせ目のない鉄管」を開発 | 3・10治安警察法公布 |
| 一九〇四 | 三七 | 33 | 1月、妻・サン没する | 2・10日露戦争始まる |
| 一九〇五 | 三八 | 34 | この年、きみ子と再婚する | 9・5ポーツマス条約調印 |
| 一九〇六 | 三九 | 35 | この年、久保田鉄工所は支配人制度・技師長制度を採用、職工規則も制定する | 3・31鉄道国有法公布 |
| 一九〇七 | 四〇 | 36 | 4月、大阪市南区北高岸町に本店工場が新設される | 6・4別子銅山で暴動 |
| 一九〇八 | 四一 | 37 | 7月、回転式鋳鉄管鋳造装置の特許権取得 | 6・22赤旗事件 |
| 一九一一 | 四四 | 40 | 7月、私立徳風尋常小学校（大阪市南区）創立 | 10・10中国で辛亥革命起こる |
| 一九一二 | 四五 | 41 | この頃、国内で鋳鉄管生産高首位企業としての地位を確立 | 7・30明治天皇崩御、大正と改元 |
| 一九一四 | 大正三 | 43 | この年、工作機械にも進出 | 7・28第一次世界大戦開戦 |
| 一九一六 | 五 | 45 | 4月、大阪市西区南恩加島町（現大正区）に三万八二〇〇平方メートルの土地購入 | 9・1工場法施行 |
| 一九一七 | 六 | 46 | 8月、関西鉄工㈱を買収、尼崎工場を開設する | この年、ロシア革命が発生 |
| 一九一八 | 七 | 47 | 9月、権四郎が社長に就任して関西製鉄㈱設立（一九二〇年閉鎖）<br>この年、東京・九州に出張所開設（翌年、呉にも開設） | 11・11第一次世界大戦終結 |
| 一九一九 | 八 | 48 | 9月、権四郎が米国・カナダ出張の際、鉄管のド・ラボー式特許を購入<br>12月、実用自動車製造㈱設立（権四郎が社長に就 | 1・18パリ講和会議 |

| | | | | |
|---|---|---|---|---|
| 一九二〇 | 九 | 49 | 任）して自動車生産に参入<br>この年から直面した戦後不況の中、従業員の解雇を余儀なくされる | 3・15戦後恐慌起こる |
| 一九二一 | 一〇 | 50 | この年、特許鋳鉄管合名会社を設立（一九二三年に日本初の鉄管の遠心力鋳造に成功） | 11・4原敬暗殺される |
| 一九二二 | 一一 | 51 | この年、農工用石油発動機の製造を開始 | 2・6ワシントン海軍軍縮条約 |
| 一九二三 | 一二 | 52 | 郷里の道路建設資金寄附、この年に完成する | 9・1関東大震災 |
| 一九二四 | 一三 | 53 | 8月、衡器製造開始、翌年に久保田鉄工所本社に衡器部設置 | この年、米国で排日移民法成立 |
| 一九二六 | 昭和元 | 55 | 12月、ダット自動車製造㈱設立、権四郎が社長に就任する | 12・25大正天皇崩御、昭和と改元 |
| 一九二七 | 二 | 56 | 2月、㈱隅田川精鉄所の買収、小田原大造に経営の立て直しが任される<br>この年から、自動給炭機を製作 | 3・15金融恐慌発生 |
| 一九二九 | 四 | 58 | この年に蘭領東インドより鉄管八〇〇〇トン受注、以後、海外に進出を図る | 10・24ニューヨーク株式市場大暴落 |
| 一九三〇 | 五 | 59 | 10月、創業四〇周年・権四郎還暦祝賀の記念式典を開催<br>12月、久保田鉄工所を㈱久保田鉄工所・㈱久保田鉄工所機械部に改組（いずれも権四郎が社長就任） | この年、世界恐慌が日本に波及（昭和恐慌） |
| 一九三一 | 六 | 60 | 9月、ダット自動車製造㈱の所有株式一切を戸畑鋳物㈱に譲渡、自動車生産から撤退 | 9・18満洲事変 |

| | | | | |
|---|---|---|---|---|
| 一九三二 | 七 | 61 | 4月、大阪工業会による満蒙視察団に参加、帰国後、『工業評論』に論考「満洲はパイプから」を寄稿 | 5・15五・一五事件 |
| 一九三五 | 一〇 | 64 | 5月、ソ連通商代表一行が工場視察、ディーゼルエンジンを受注する<br>12月、満洲久保田鋳鉄管㈱設立（権四郎が社長就任） | 2・18美濃部達吉の天皇機関説問題化 |
| 一九三七 | 一二 | 66 | 8月、尼崎製鉄㈱設立（権四郎が社長就任、一九四三年に辞任） | 7・7盧溝橋事件（日中戦争始まる） |
| 一九三九 | 一四 | 68 | 11月、久保田鉄工所産業報国会発足 | 9・1第二次世界大戦勃発 |
| 一九四四 | 一九 | 73 | 1月、第一次軍需会社指定を受ける<br>この年、地域別の事業所制を採用 | 7・7日本軍、サイパン島守備隊全滅 |
| 一九四九 | 二四 | 78 | 2月、権四郎、㈱久保田鉄工所の社長辞任、久保田静一第二代社長に就任（同年12月辞任）<br>5月、特別経理会社の指定も解除され、次第に経営権を取り戻すようになる | 4・23一ドル＝三六〇円、為替レート決まる |
| 一九五〇 | 二五 | 79 | 1月、小田原大造が㈱久保田鉄工所の第三代社長に就任 | 6・25朝鮮戦争勃発 |
| 一九五三 | 二八 | 82 | 6月、㈱久保田鉄工所が、久保田鉄工㈱に社名変更される | 2・1NHKがテレビ放送を開始 |
| 一九五九 | 三四 | 88 | 11月11日、八九歳の誕生日を迎えた翌月に永眠 | この年、岩戸景気始まる |

※年齢については、その年の誕生日までの久保田権四郎の満年齢を記した。

〈著者略歴〉
**沢井実**（さわい・みのる）
1953年和歌山県生まれ。国際基督教大学教養学部社会科学科卒業。東京大学大学院経済学研究科第二種博士課程単位取得退学後、東京大学社会科学研究所助手。その後、北星学園大学経済学部専任講師、助教授、大阪大学経済学部助教授を経て、1998年大阪大学経済学研究科教授。2016年より南山大学経営学部教授、大阪大学名誉教授。現在、企業家研究フォーラム会長、経営史学会会長も務め、経営史研究の興隆に尽力している。博士（経済学、大阪大学）。著書には『帝国日本の技術者たち』『八木秀次』（以上、吉川弘文館）、『マザーマシンの夢―日本工作機械工業史―』（名古屋大学出版会）、『近代大阪の産業発展―集積と多様性が育んだもの―』（有斐閣）などがある。2012年刊『近代日本の研究開発体制』（名古屋大学出版会）では日経・経済図書文化賞を受賞した。

PHP経営叢書
日本の企業家4
久保田権四郎
国産化の夢に挑んだ関西発の職人魂

2017年2月27日　第1版第1刷発行

著　　者　沢井　実
発行者　清水卓智
発行所　株式会社ＰＨＰ研究所
京都本部　〒601-8411　京都市南区西九条北ノ内町11
70周年記念出版プロジェクト推進室　☎075-681-4428（編集）
東京本部　〒135-8137　江東区豊洲5-6-52
普及一部　☎03-3520-9630（販売）
PHP INTERFACE　http://www.php.co.jp/
組　　版　朝日メディアインターナショナル株式会社
印刷所
製本所　図書印刷株式会社

© Minoru Sawai 2017 Printed in Japan
ISBN978-4-569-83424-5
※本書の無断複製（コピー・スキャン・デジタル化等）は著作権法で認められた場合を除き、禁じられています。また、本書を代行業者等に依頼してスキャンやデジタル化することは、いかなる場合でも認められておりません。
※落丁・乱丁本の場合は弊社制作管理部（☎03-3520-9626）へご連絡下さい。
送料弊社負担にてお取り替えいたします。

## ＰＨＰ経営叢書「日本の企業家」シリーズの刊行に際して

わが国では明治期に渋沢栄一のような優れた企業家が幾人も登場し、中世、近世に営々と築かれた日本の商売道は近代へと導かれることになりました。以後の道程において、昭和期に戦争という苦難に遭いますが、すぐさま復興に立ち上がる中で、多くの企業家が躍動し、人々を束ね、牽引し、豊かな生活の実現に大いに貢献しました。一九四六（昭和二一）年一一月に弊社を創設した松下幸之助もその一人でした。事業経営に精励する一方で、「人間は万物の王者である」という言の葉に象徴されるみずからの人間観を、弊社の様々な活動を通じて世に訴えかけ、繁栄・平和・幸福の実現を強く願いました。

こうした時代を創った多くの企業家たちの功績に、素直に尊敬の念を抱き、その歩みの中の真実と向き合うところから得られる叡智は、お互いの衆知を高め、個々の人生・経営により豊かな実りをもたらしてくれるにちがいない。そうした信念のもと、弊社では創設七〇周年記念事業としてＰＨＰ経営叢書を創刊し、まずは日本の近代、現代に活躍した理念重視型の日本人企業家を一人一巻でとり上げる図書シリーズを刊行することにいたしました。空翔ける天馬の姿に、松下幸之助はみずからの飛躍を重ね合わせましたが、その天馬二頭が相対立しつつも調和する姿をデザインしたロゴマークは、個を尊重しつつも真の調和が目指される姿をイメージしています。

「歴史に学び　戦略を知り　人間を洞察する」――確かな史実と学術的研究の成果をもとに論述されたこのシリーズ各巻が、読者諸氏に末永く愛読されるようであればこれに勝る喜びはありません。

二〇一六年一一月

株式会社ＰＨＰ研究所